"十二五"高职高专涉外旅游专业工学结合系列教材

涉外旅行社经营管理

主　编　陆丽娥　胡嘉欣
副主编　朱朦朦　徐新娇

中国财富出版社

图书在版编目（CIP）数据

涉外旅行社经营管理/陆丽娥，胡嘉欣主编．—北京：中国财富出版社，2015.1

（"十二五"高职高专涉外旅游专业工学结合系列教材）

ISBN 978－7－5047－5424－0

Ⅰ.①涉…　Ⅱ.①陆…②胡…　Ⅲ.①旅行社—企业经营管理—高等职业教育—教材　Ⅳ.①F590.63

中国版本图书馆 CIP 数据核字（2014）第 242419 号

策划编辑	寇俊玲	责任印制	何崇杭
责任编辑	丁美霞　辛倩倩	责任校对	梁　凡

出版发行	中国财富出版社		
社　　址	北京市丰台区南四环西路 188 号 5 区 20 楼	邮政编码	100070
电　　话	010－52227568（发行部）	010－52227588 转 307（总编室）	
	010－68589540（读者服务部）	010－52227588 转 305（质检部）	
网　　址	http://www.cfpress.com.cn		
经　　销	新华书店		
印　　刷	北京京都六环印刷厂		
书　　号	ISBN 978－7－5047－5424－0/F·2254		
开　　本	710mm×1000mm　1/16	版　次	2015 年 1 月第 1 版
印　　张	11.75	印　次	2015 年 1 月第 1 次印刷
字　　数	211 千字	定　价	26.00 元

版权所有·侵权必究·印装差错·负责调换

前　言

当前，我国经济的发展急需技能型和操作型的实用人才，而步入社会的学生也希望能凭借自身的一技之长，找到合适的工作。但综观目前市场上的教材，本科教材比较新颖，高职高专教材也在逐步地规范，但是高质量的高职高专的实训教材仍是凤毛麟角，为适应教学的需要，结合编者在高职高专教学的经验，编写了《涉外旅行社经营管理》一书，该书是涉外高职旅游管理专业必修的教材，实用性较强。

本教材具有以下特点：一是实战性强。本书编者是有着丰富的旅行社经营管理经验的企业高层管理人员，以大量的涉外旅行社经营实践中的真实案例、操作程序、实用表格等为素材，侧重强调实际应用，使尚未涉足旅游行业的同学能够一目了然、易于接受。二是实用性强。本书内容包含项目实训，将学生所学知识按照不同的项目进行实训，能够做到学以致用，从而使学生实用技能逐层提高。三是贴近行业实际。本书所选的案例，很大一部分是编者自身经历或是一手收集的旅游行业真实发生的实际案例，对学生的参考价值很大。四是教材难易适中。本书既是为高职高专在校学生编写的实训教材，也适合对旅游活动感兴趣的爱好者阅读，可作为经营管理的辅助参考书。

本书是集体创作的结果，具体编写分工如下：陆丽娥，模块一、模块二；徐新娇，模块三、模块四；朱朦朦，模块五、模块六。全书由胡嘉欣负责框架与大纲设计以及统筹工作，值此本书出版之际，在此我们向全体参与人员表示衷心的感谢！

本书的编写还得到了广州市轻工技师学院领导和同事的大力支持。在本书的编撰过程中还查阅、参考了大量的相关资料和案例（参考文献附于书后），谨向相关作者表示诚挚的敬意和感谢。

陆丽娥

2014 年 5 月

目 录
Contents

模块一　涉外旅行社基础认识 ·· 1
　　任务一　认识涉外旅行社 ·· 1
　　任务二　设立涉外旅行社的条件 ·· 12
　　任务三　了解与涉外旅行社有关的法律法规 ·························· 20

模块二　门市部经营管理 ·· 30
　　任务一　设立门市部 ··· 30
　　任务二　门市部日常经营管理 ··· 38

模块三　计调部经营管理 ·· 49
　　任务一　国内游计调 ··· 49
　　任务二　入境游计调 ··· 68

模块四　销售部经营管理 ·· 78
　　任务一　团体销售业务 ·· 78
　　任务二　同业销售业务 ·· 86

模块五　接待部经营管理 ·· 96
　　任务一　导游管理 ·· 96
　　任务二　旅游投诉与服务质量管理 ······································ 123

模块六　电子商务部经营管理 ……………………………………… 151
　任务一　认知电子商务 ………………………………………… 151
　任务二　涉外旅行社电子商务 ………………………………… 164

参考文献 …………………………………………………………… 179

模块一 涉外旅行社基础认识

任务一 认识涉外旅行社

学习目标

完成本节学习任务后,你应当能:

1. 通过本模块的学习,使学生了解涉外旅行社的概念、类型与特点。
2. 让学生通过外出调研,分析涉外旅行社的基本情况,了解涉外旅行社与国内旅行社的区别,认识旅行社的常见组织结构。

学习任务

1. 组建学习小组。
2. 能列举一些国内知名的国际旅行社。
3. 能熟知涉外旅行社的基本业务。
4. 能清楚涉外旅行社的工作要求。
5. 能独立完成涉外旅行社组织机构的设立。

任务引入

阅读下面的案例,回答后面的问题。

【案例】

广之旅国际旅行社股份有限公司成立于1980年12月5日,是华南地区规模极大、实力极强、美誉度极高的旅行社,是国内唯一获得全国旅游业质量管理最高荣誉"中国用户满意鼎"的综合性强社。全国旅行社中唯一被国家信息产业部指定的"国家电子商务试点单位",打造出了全国地方旅行社第一个"中国驰名商标",在全国旅行社中是唯一一个被世界生产力科学联盟(WCPS)授予"2006世界市场中国行业十大年度品牌"的旅行社。

广之旅主要经营出境游、国内游、入境游、电子商务旅行等业务,同时兼营会展服务、旅游汽车出租、计算机软件开发、海外留学咨询、物业管理和国际国内航空票务代理等。它拥有一套国际顶尖水平的24小时电话服务热线系统,拥有各类专业人才和资深旅游专家,仅广东省内员工人数就有1000多人,80%以上的职员是大学生、研究生。

> **温馨提示**
>
> 2008年11月,广之旅以绝对优势摘取了"广东旅游十大首创之星"的桂冠,并获得了改革开放三十年"广东标杆企业""十大新粤商"的荣誉。

问题:
广之旅的优势在哪里?你得到什么启示?

_____
_____
_____

任务布置

1. 调研分析两家旅行社的基本情况(包括经营范围、基本业务、组织结构等),写一份调研报告。

2. 通过调查实践了解两家实际旅行社的基本情况,掌握目前我国旅行社主要分类情况和各自的业务范围,了解旅行社组织结构设计及部门分工,掌握旅行社的常见组织结构类型。

知识链接

一、旅行社的分类

不同国家和地区旅行社分工体系方面的差异,决定了旅行社分类方面的差别。

(一) 欧美国家旅行社的分类

以欧美为代表的旅游业发达国家的旅行社，大都采用垂直分工体系，如图1-1所示。按照业务范围，旅行社可以划分为旅游批发商、旅游经营商、旅游零售商三类。同时，也存在两类的划分方式，即将旅行社分为旅游批发经营商和旅游零售商两类，这种分类方式忽略了旅游经营商和旅游批发商之间的区别。

```
住宿部门        其他相关服务部门        交通服务部门
                     ↓
                 旅游经营商
                 旅游批发商
                     ↓
              → 旅游零售商 ←
                     ↓
                   旅游者
```

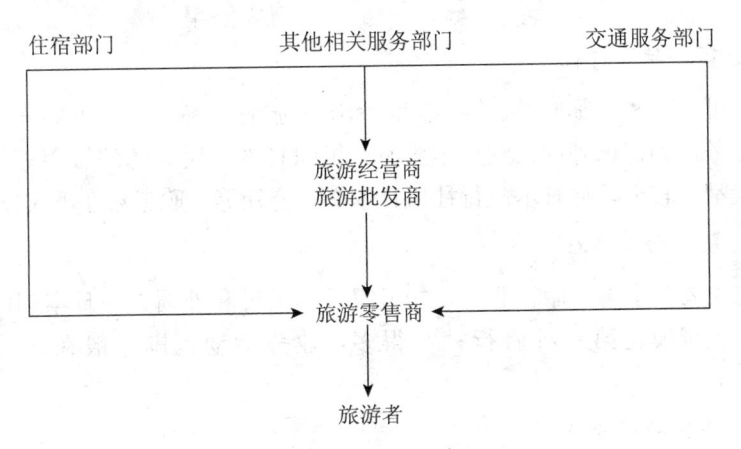

图1-1　旅行社参与主体关系图

1. 旅游批发商

旅游批发商是指从事批发业务的旅行社或旅游公司。旅游批发商根据市场需求，设计各种旅游产品，大批量地订购交通运输公司、饭店、旅游景点和目的地旅游接待服务等有关的产品和服务，然后将这些单项产品或服务经过加工组合后成为各种不同的包价旅游产品进行经销。旅游批发商的利润主要来源于旅游产品的批零差价和设计组合旅游产品产生的利润。旅游批发商一般实力雄厚、经营规模较大，如美国运通、日本交通公社等，都属于旅游批发商。

2. 旅游经营商

旅游经营商的业务和旅游批发商类似，在西方许多国家中，旅行社业内人士通常将旅游批发商和旅游经营商视为统一类型的旅行社。旅游经营商和旅游批发商的不同之处在于：旅游经营商除了通过零售业务的中间商销售自己的产品外，还通过自己设立的零售网络直接向旅游者销售各种包价旅游产品。

3. 旅游零售商

旅游零售商是指向旅游批发商或旅游经营商购买旅游产品，出售给旅游者的旅行社，即从事零售业务的旅行社。旅游零售商是旅游批发商的下游企业，扮演着双重角色，它一方面代表旅游者向旅游批发商或有关企业购买旅游产品；另一方面又代表旅游批发商向旅游者销售产品。

（二）日本旅行社的分类

1. 第一种旅行社

它可以从事国际旅游、国内旅游和出国旅游三种业务，主要开展对外旅游业务，如招徕外国人到日本旅游、组织日本国民去海外旅游等，其规模一般都比较大，如日本旅行社、日本交通公社等，职工数在千人以上。

2. 第二种旅行社

它主要从事国内旅行业务，如组织日本国民和外国人在日本国内游览观光，其规模比第一种旅行社小得多，业务活动范围一般在邻县邻府之间。

3. 第三种旅行社

它主要作为前两种旅行业的零售代理店，不从事包价旅游业务。

（三）我国旅行社的分类

1. 国际旅行社

国际旅行社是经营入境旅游业务、出境旅游业务和国内旅游业务的旅行社。国际旅行社的经营范围包括：

（1）招徕外国旅游者来中国，招徕华侨及中国香港、中国澳门、中国台湾地区同胞到国内旅游，为其代理交通、游览、住宿、饮食、购物、娱乐事务及提供导游、行李等相关服务，并接受代理委托，为旅游者代办入境、入关手续。

（2）招徕我国旅游者在国内旅游，为其代理交通、游览、住宿、饮食、购物、娱乐事务及提供导游、行李等相关服务。

（3）经国家旅游局批准，组织中华人民共和国境内居民到外国以及中国香港、中国澳门、中国台湾地区旅游，为其安排领队、委托接待及行李等相关服务，并接受旅游者委托，为其代办出境及签证手续。

（4）经国家旅游局批准，组织中华人民共和国境内居民到与我国接壤国家的边境地区旅游，为其安排领队、委托接待及行李等相关服务，并接受旅游者委托，为其代办出境及签证手续。

（5）其他经国家旅游局规定的旅游业务。

2. 国内旅行社

国内旅行社是指专门经营国内旅游业务的旅行社，其经营范围包括：

（1）招徕我国旅游者在国内旅游，为其代理交通、游览、住宿、饮食、购物、娱乐事务及提供导游相关服务。

（2）为我国旅游者代购、代订国内交通客票，提供行李服务。

（3）其他经国家旅游局规定的与国内旅游相关的业务。

二、涉外旅行社的基本业务

涉外旅行社的基本业务包括产品开发业务、旅游采购业务、旅行社产品销售业务和接待业务，四项基本业务的关系如图1-2所示。

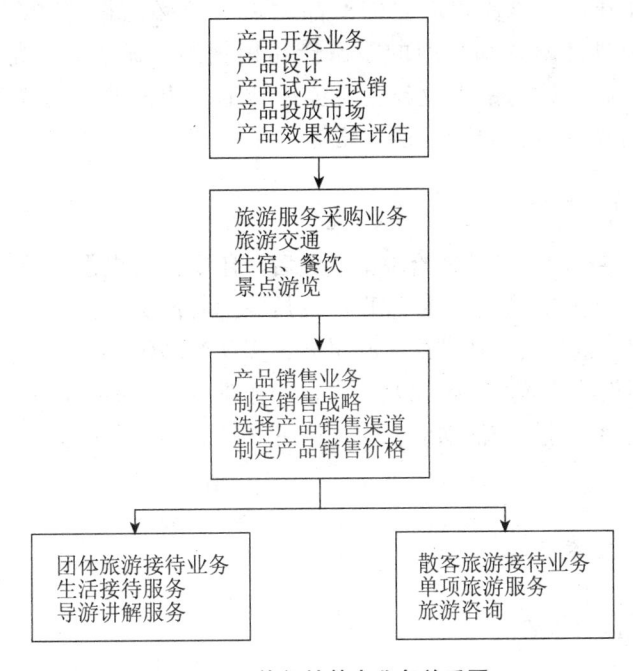

```
┌─────────────────┐
│ 产品开发业务     │
│ 产品设计         │
│ 产品试产与试销   │
│ 产品投放市场     │
│ 产品效果检查评估 │
└────────┬────────┘
         ↓
┌─────────────────┐
│ 旅游服务采购业务 │
│ 旅游交通         │
│ 住宿、餐饮       │
│ 景点游览         │
└────────┬────────┘
         ↓
┌─────────────────┐
│ 产品销售业务     │
│ 制定销售战略     │
│ 选择产品销售渠道 │
│ 制定产品销售价格 │
└────┬───────┬────┘
     ↓       ↓
┌─────────┐ ┌─────────┐
│团体旅游 │ │散客旅游 │
│接待业务 │ │接待业务 │
│生活接待 │ │单项旅游 │
│服务     │ │服务     │
│导游讲解 │ │旅游咨询 │
│服务     │ │         │
└─────────┘ └─────────┘
```

图1-2　旅行社基本业务关系图

(一)产品开发业务

涉外旅行社的主要工作是以旅行社产品为媒介，为旅游者提供旅游服务，满足旅游者多种多样的需求。因此，开发出适合旅游者需要的产品是旅行社提供服务的前提，同时也是旅行社赖以生存和发展的基础。旅行社应在充分调查研究的基础上，科学地进行市场预测分析，结合旅行社自身的特点和条件，开发出适销对路的产品。同时，要加强对已开发产品的检查和评估，不断对产品进行完善和改进。

(二)旅游采购业务

旅游采购业务是指旅行社为生产旅游产品而向相关旅游服务供应部门或企业购买各种旅游服务要素的一种业务活动。旅游者需要什么服务，旅行社就采购什么服务，如交通、住宿、餐饮、景点游览、娱乐等。另外，组团旅行社还需要向旅游线路沿途的各地接旅行社采购接待服务。

(三)旅行社产品销售业务

旅行社开发了消费者需要的产品之后，还必须做好销售工作。旅行社只有把自己设计和生产的旅游产品销售给旅游者，才能获得所期望的利润。旅行社的销售业务主要包括制定销售战略、选择销售战略、确定产品销售价格、制定促销策略等工作。

(四)接待业务

旅行社将旅游产品销售给旅游者之后，还要为其提供向导、讲解和旅途照料等接待服务。这一接待过程，既是旅游者消费旅游产品、实现产品效用的过程，也是旅行社供给旅游服务、实现产品价值的过程。旅行社的接待业务不仅涉及面广、技能要求高、操作难度大，而且还非常重要，它直接影响旅游者对旅游活动的感受，从而影响旅行社的声誉。

任务准备

一、团队组建

本书大部分内容采取小组学习的方式进行，请在规定时间（15分钟）内自行组建学习小组（每组人数视班级情况自定）。

学生分好组后，以小组为单位坐在一起，中间的场地要求空出来，便于组织活动。安排好地接社和组团社，定出组名，编好组歌，画出组徽，制定小组格言，并记录在表1-1中。

表1-1　　　　　　　　学习小组表

组名			
小组格言			
组徽		组歌	
地接社人员		组团社人员	
组员姓名	联系电话	组员姓名	联系电话

二、教师下发任务书

任 务 书

1. 任务目标

（1）学会结合案例读懂涉外旅行社的经营业务范畴。

（2）能从任务通知单中提出相关信息，分析有关涉外旅行社发展的背景。

2. 任务要求

（1）在教师指导和辅助下，以小组为单位试为一个小型涉外旅行社设计一个简单的业务流程。

（2）以小组为单位，做好小组间的点评，看谁做得又快又好。

3. 活动规则

（1）各组自行做好计划书，明确分工。

（2）活动过程必须全体组员参与。

(3) 要通过各种形式（照片、视频、漫画、小品演示等）将活动过程记录下来。

　　(4) 任务完成后，要向全班同学汇报，并展示任务的完成过程。

任务实施

一、制订实施方案

认真分析任务，并确定好任务实施方案。

_____
_____
_____
_____

二、确定人员分工

任务实施过程中要明确分工任务，组长要调动组员充分表达不同意见，形成职责清晰的任务分工表，见表1-2。

表1-2　　　　　　　　　　任务分工表

组员姓名	任务分工

三、过程监督

请各组成员在任务实施过程中做好过程记录，组长负责进行监督，全组共同完成进度监督表，见表1-3。

表1-3　　　　　　　　　　进度监督表

工作阶段	时间	进度描述	检查情况记录	改善措施以及建议

四、各组成员记录任务实施过程中的困难及收获

困难：_____

_____

小组成员想到的解决方法：_____

_____

本次活动的收获：_____

_____

五、展示活动记录

每个小组在任务实施过程中，可以用各种形式把本组搜集到的涉外旅行社业务内容用卡片展示出来，进行小组竞赛，看谁写得又多又好。

六、班内汇报

汇报内容包括：对本次任务完成情况的介绍、任务实施过程中遇到的困难和解决的方法、对所搜集及观察到的内容的解说等。小组互相评价，并对同学的汇报情况做好记录，见表1-4。

表1-4　　　　　　　　　　班内汇报表

组别	汇报情况（包括任务完成情况介绍、过程处理及搜集效果等方面）

七、归纳总结

通过本次活动，请你归纳：涉外旅行社的业务内容。

_____
_____
_____
_____

评价反馈

以小组为单位，结合表1-5中标准，围绕自己在活动前后的思想、行为等变化，进行客观评价。

表1-5　　　　　　　　　评价标准及客观评价表

规范及责任意识综合体现评价标准
1. 遵守规则。
2. 能快速找到与组员的共同目标。
3. 能准确无误、无条件地接受并立即执行组内指令。
4. 能按事先确定的方案尽力完成任务。
5. 能建立良好和谐的人际关系，使工作尽快开展。
6. 能够化解任务中的障碍。
7. 能勇于承认错误，敢于承担责任。
8. 能以大局为重，调整自己的工作节奏。
9. 能在团队合作中表达自己的意见，也能虚心接受他人的建议和批评。
10. 为了实现共同目标，能牺牲自己的利益。

活动前		活动后	
思想描述		思想描述	
行为描述		行为描述	
感悟			

知识分享

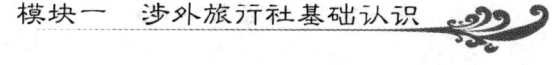

案例分享

美国运通旅行社的发展历程

美国运通旅行社是美国最大的旅行社，也是世界上最大的旅行社。该旅行社于1850年在美国的纽约州包法罗市成立，起初经营货物、贵重物品和先进的快递业务。1882年，美国运通公司推出自己的汇票，立即获得成功。

1891年，美国运通公司推出第一张旅行支票。美国运通公司以良好的信誉为其所发行的旅行支票做担保，并保证接受这种支票的人不会蒙受任何损失。假如支票被盗或支票上的签名被仿冒，运通公司保证承担损失。公司不靠发行旅行支票的手续费赢利，而是靠每年数十亿美元的浮存进行投资。同年，美国运通公司建立欧洲部，并于1895年在巴黎建立了第一家分公司，随后又先后在伦敦、利物浦、南安普顿、汉堡、不来梅等城市建立了分公司。很快，美国运通公司的办事处和分公司遍布整个欧洲。

运通公司始终保持着对新技术的敏感性。在引入语言识别、个人数字助理、移动电话方法和智能卡等方面，美国运通及时捕捉最新潮流，在行业内保持技术领先。这种领先使美国运通 AXITRAVEL 网上预订系统能不断推出新的电子购物解决方案和新功能。

知识速递

2013年度中国百强旅行社排行榜

位次	许可证编号	旅行社名称
1	L－SH－CJ00009	上海春秋国际旅行社（集团）有限公司
2	L－GD－CJ00004	广州广之旅国际旅行社股份有限公司
3	L－BJ－CJ00003	中青旅控股股份有限公司
4	L－GD－CJ00002	广东省中国旅行社股份有限公司
5	L－BJ－CJ00071	北京众信国际旅行社股份有限公司
6	L－BJ－CJ00001	中国国际旅行社总社有限公司
7	L－BJ－CJ00051	北京凯撒国际旅行社有限责任公司

续表

位次	许可证编号	旅行社名称
8	L-BJ-CJ00127	中青旅国际会议展览有限公司
9	L-SH-CJ00025	上海携程国际旅行社有限公司
10	L-HUB-CJ00019	湖北万达新航线国际旅行社有限责任公司
11	L-CQ-CJ00001	重庆海外旅业（旅行社）集团有限公司
12	L-BJ-CJ00043	竹园国际旅行社有限公司
13	L-ZJ-CJ00008	浙旅控股股份有限公司
14	L-HUN-CJ00001	湖南华天国际旅行社有限责任公司
15	L-BJ-CJ00099	北京携程国际旅行社有限公司
16	L-GD-CJ00019	广东南湖国际旅行社有限公司
17	L-FJ-CJ00002	福建省中国旅行社
18	L-HUB-CJ00020	湖北康辉国际旅行社有限责任公司
19	L-BJ-CJ00020	北京凤凰假期国际旅行社有限公司
20	L-SH-CJ00005	上海锦江旅游有限公司

资料来源：http://www.ctcnn.com

任务二 设立涉外旅行社的条件

学习目标

完成本节学习任务后，你应当能：

1. 通过学习，了解设立旅行社的条件和具体要求，对比国内与涉外旅行社设立条件的不同。

2. 能独立借用表格分析国内旅行社与涉外旅行社的区别。

学习任务

1. 组建学习小组。

2. 收集相关涉外旅行社与国内旅行社设立条件的不同案例，进行分析

模块一　涉外旅行社基础认识

比较。

任务引入

阅读下面的案例，回答后面的问题。

【案例】

近日，广州大型国际旅行社广之旅表示，该社在珠三角地区设立的 7 家非法人分社已正式开张营业，这一举措意味着珠三角居民可以在居住地报名参加名牌旅行社的出境游旅行团，使更多的游客得到实惠，并有利于旅行社在经营操作中形成"航母式"的规模效应。这是实施新的行政许可法后，旅游业首开跨地区成立分社的先河。随着旅行社设立分社壁垒的打破，珠三角旅游一体化进入实质性阶段，越来越多的市民将享受到自由选择出境游组团社的便利和自由市场竞争下性价比更高的旅游产品。

问题：

非法人分社与独立法人分社有何区别？

任务布置

设立一家校园涉外旅行社，请完成一份设立计划书。计划书需要结合实际情况来写，可操作性要强；对所设立的校园涉外旅行社的具体情况不做统一要求。

知识链接

一、旅行社设立的条件

（1）有固定的营业场所；

（2）有必要的营业设施；

（3）有符合《旅行社管理条例》规定的注册资本和质量保证金。

二、旅行社的注册资本

（1）国际旅行社，注册资本不得少于 150 万元人民币；

（2）国内旅行社，注册资本不得少于 30 万元人民币。

三、质量保证金制度

（1）国际旅行社经营入境旅游业务的，交纳 60 万元人民币；经营出境旅游业务的，交纳 100 万元人民币；

（2）国内旅行社，交纳 10 万元人民币；

（3）质量保证金及其在旅游行政管理部门负责管理期间产生的利息，属于旅行社所有；旅游行政管理部门按照国家有关规定，可以从利息中提取一定比例的管理费。

四、国际、国内旅行社的申请设立

（1）申请设立国际旅行社，应当向所在地的省、自治区、直辖市人民政府管理旅游工作的部门提出申请；省、自治区、直辖市人民政府管理旅游工作的部门审查同意后，报国务院旅游行政主管部门审核批准；

（2）申请设立国内旅行社，应当向所在地的省、自治区、直辖市管理旅游工作的部门申请批准。

五、申请设立旅行社应当提交的文件

（1）设立申请书；
（2）设立旅行社可行性研究报告；
（3）旅行社章程；
（4）开户银行出具的资金信用证明、注册会计师及其会计师事务所或者审计师事务所出具的验资报告；
（5）经营场所证明；
（6）经营设备情况证明。

六、旅游行政管理部门的审核原则

（1）符合旅游业发展规划；
（2）符合旅游市场需要；
（3）符合《旅行社管理条例》规定的设立条件。

旅游行政管理部门应当自收到申请书之日起 30 日内，作出批准或者不批准的决定，并通知申请人。

七、颁发"经营许可证"

旅游行政管理部门应当向经审核批准的申请人颁发"旅行社业务经营许可证",申请人持"旅行社业务经营许可证"向工商行政管理机关领取营业执照。未取得"旅行社业务经营许可证"的,不得从事旅游业务。

八、变更

(1) 旅行社变更经营范围的,应当经原审批的旅游行政管理部门审核批准后,到工商行政管理机关办理变更登记手续。

(2) 旅行社变更名称、经营场所、法定代表人等或者停业、歇业的,应当到工商行政管理机关办理相应的变更登记或者注销登记,并向原审核批准的旅游行政管理部门备案。

九、公告制度

旅游行政管理部门对旅行社实行公告制度。公告包括开业公告、变更名称公告、变更经营范围公告、停业公告、吊销许可证公告。

十、设立分社

(1) 旅行社每年接待旅游者10万人次以上的,可以设立不具有法人资格的分社(以下简称分社)。国际旅行社每设立一个分社,应当增加注册资本75万元人民币,增交质量保证金30万元人民币;国内旅行社每设立一个分社,应当增加注册资本15万元人民币,增交质量保证金5万元人民币。

(2) 旅行社同其设立的分社应当实行统一管理、统一财务、统一招徕、统一接待。

(3) 旅行社设立的分社,应当接受所在地的县级以上地方人民政府管理旅游工作的部门的监督管理。

十一、外国旅行社常驻机构

外国旅行社在中华人民共和国境内设立常驻机构,必须经国务院旅游行政主管部门批准。外国旅行社常驻机构只能从事旅游咨询、联络、宣传活动,不得经营旅游业务。

任务准备

一、团队组建

本书大部分内容采取小组学习的方式进行，请在规定时间（15分钟）内自行组建学习小组（每组人数视班级情况自定）。

学生分好组后，以小组为单位坐在一起，中间的场地要求空出来，便于组织活动。安排好地接社和组团社，定出组名，编好组歌，画出组徽，制定小组格言，并记录在表1-6中。

表1-6　　　　　　　　　学习小组表

组名			
小组格言			
组徽		组歌	
地接社人员		组团社人员	
组员姓名	联系电话	组员姓名	联系电话

二、教师下发任务书

任 务 书

1. 任务目标

（1）通过对比，让同学们熟悉涉外旅行社设立条件。

（2）掌握涉外旅行社设立的要求和申办的程序。

2. 任务要求

（1）在教师指导和辅助下，以小组为单位完成办理一家校园涉外旅行社的设立手续，根据"旅行社设立的基本程序"，结合学校所在地的情况，写一份涉外旅行社设立的计划书。

(2) 以小组为单位，计划书应该包括去何处办理手续、需要递交哪些材料等内容。

　　3. 活动规则

　　(1) 各组自行做好计划书，明确分工。

　　(2) 活动过程必须全体组员参与。

　　(3) 要通过各种形式（照片、视频、漫画、小品演示等）将活动过程记录下来。

　　(4) 任务完成后，要向全班同学汇报，并展示任务的完成过程。

任务实施

一、制订实施方案

认真分析任务，并确定好任务实施方案。

_____
_____
_____
_____
_____

二、确定人员分工

　　任务实施过程中要明确分工任务，组长要调动组员充分表达不同意见，形成职责清晰的任务分工表，见表1-7。

表1-7　　　　　　　　　　任务分工表

组员姓名	任务分工

三、过程监督

请各组成员在任务实施过程中做好过程记录,组长负责进行监督,全组共同完成进度监督表,见表1-8。

表1-8　　　　　　　　　　进度监督表

工作阶段	时间	进度描述	检查情况记录	改善措施以及建议

四、各组成员记录任务实施过程中的困难及收获

困难:＿＿

小组成员想到的解决方法:＿＿

本次活动的收获:＿＿

五、展示活动记录

每个小组在任务实施过程中,用"挑毛病"的形式在各小组虚拟的每家涉外旅行社设立的条件中找出问题,找得最仔细,修改得最详尽者,即胜出。

六、班内汇报

汇报内容包括:对本次任务完成情况的介绍、任务实施过程中遇到的困难和解决的方法、对所搜集及观察到的内容的解说等。小组互相评价,并对同学的汇报情况做好记录,见表1-9。

表 1-9　　　　　　　　　　班内汇报表

组别	汇报情况（包括任务完成情况介绍、过程处理及搜集效果等方面）

七、归纳总结

通过本次活动，请你归纳：涉外旅行社设立的条件。

_____
_____
_____
_____

评价反馈

以小组为单位，结合表 1-10 中标准，围绕自己在活动前后的思想、行为等变化，进行客观评价。

表 1-10　　　　　　　评价标准及客观评价表

规范及责任意识综合体现评价标准
1. 遵守规则。
2. 能快速找到与组员的共同目标。
3. 能准确无误、无条件地接受并立即执行组内指令。
4. 能按事先确定的方案尽力完成任务。
5. 能建立良好和谐的人际关系，使工作尽快开展。
6. 能够化解任务中的障碍。
7. 能勇于承认错误，敢于承担责任。
8. 能以大局为重，调整自己的工作节奏。
9. 能在团队合作中表达自己的意见，也能虚心接受他人的建议和批评。
10. 为了实现共同目标，能牺牲自己的利益。

续 表

	活动前		活动后
思想描述		思想描述	
行为描述		行为描述	
感悟			

思考与练习

1. 分组讨论、分析、理解"世界旅行社之父"的创业理念。世界旅行社之父托马斯·库克的创业理念：虽然观光旅游是花钱的玩意儿，但是作为一个旅行事业的经营者，一定要把客人的钱包当成自己的钱包，替他们能省一文就省一文。万万不可因为他们不熟悉外地的情形而乱开价，让他们当冤大头。

2. 课后再查阅资料，了解目前世界几家最大的旅行社和中国几家主要旅行社的基本状况及其特点。

任务三　了解与涉外旅行社有关的法律法规

学习目标

完成本节学习任务后，你应当能：
1. 运用涉外旅行社的相关法律法规处理问题。
2. 结合涉外旅行社的质量保证金制度，分析相关旅游案例。

学习任务

1. 组建学习小组。
2. 收集相关旅游法律法规案例，在课堂上进行分享，小组之间也可以互相出难题，抽签进行答疑，共同进步。

任务引入

阅读下面的案例，回答后面的问题。

【案例】

13家旅行社台湾游齐涨价涉违法，物价部门介入

2009年4月9日记者从权威人士处获悉，由于广东省13家台湾游组团签署自律公约形成价格联盟，被社会质疑涉嫌违法操控市场，已经引起了广东省市场价格部门的高度重视。该人士透露，物价部门已经分批派人前往相关企业调查并了解情况。

物价部门派人了解台湾游涨价始末

据了解，从2009年4月7日起，广东省13家台湾游组团社正式执行"公约"价格，只提供5天4晚以上且每晚消费不低于900元的台湾游产品，这一价格联盟迅速在市场上出现效应，当天报名台湾游的市民寥寥无几。"由于社会对台湾游的价格问题非常关注，旅行社自律公约的消息出来后就引起了省市物价部门的高度重视，目前已经派人分批前往相关企业调查并了解情况。"权威人士对记者表示，目前共有广州、深圳、珠海、中山、汕头5个地市的13家旅行社具有台湾游组团资格，物价部门的工作人员正在了解台湾游涨价缘由。

"结盟"旅行社内部出现分化

某位不愿意透露姓名的台湾游组团社负责人却表示，台湾游虽然开放不久，但是反应非常激烈，尤其是当大批平价台湾游产品面市时，引起了报名热潮。"相对于上万元的高端产品，平价产品更受老百姓欢迎，也更切合老百姓的需求，为什么一定要规定所谓最低价？"该负责人表示，此前面市的中低端产品只是住宿的档次相对降低，但是并没有存在超低价揽客的不正当竞争行为，"物价部门介入是个好消息，应该尽快让台湾游产品回归正常的定价范围。"

（资料来源：http://news.qq.com/a/20090409/000335.htm）

问题：

从以上案例中，你得到什么启示？

_____

_____

_____

任务布置

1. 模拟法庭：审判旅行社相关案例。
2. 实训内容与要求：

（1）实训前，先布置学生每人收集一个最新的旅行社相关案件，然后由指导老师挑选若干个案例作为模拟法庭上的审判案件。

（2）实训时，把全班学生分成法庭上的不同角色，包括法官、书记员、律师、被告、原告和旁听者等。

（3）要求每个角色的扮演者必须熟悉自己的任务。

知识链接

一、旅行社的质量保证金制度

（一）质量保证金的概念和缴纳

为加强对旅行社服务质量的监督和管理，保护旅游者的合法权益，保障旅行社规范经营，维护我国旅游业的声誉，国家旅游局根据有关规定，按照旅行社的经营特点，参照国际惯例，经国务院批准，对旅行社实行质量保证金制度。旅行社质量保证金是指由旅行社缴纳、旅游行政管理部门管理、用于保障旅游者权益的专用款项。

经营国内旅游业务和入境旅游业务的旅行社，应当存入质量保证金20万元；经营出境旅游业务的旅行社，应当增存质量保证金120万元。

旅行社每设立一个经营国内旅游业务和入境旅游业务的分社，应当向其质量保证金账户增存5万元；每设立一个经营出境旅游业务的分社，应当向其质量保证金账户增存30万元。

（二）质量保证金的管理

质量保证金以及利息属于缴纳的旅行社所有。质量保证金的所有权归旅行社，旅游行政管理部门行使代管职责。旅行社不再从事旅游业务的，凭旅游行政管理部门出具的凭证，向银行取回质量保证金。

保证金的管理实行"统一制度、统一标准、分级管理"的原则，国家旅游局统一制定保证金的制度、标准和具体办法。各级旅游行政管理部门按照规定的权限实施管理，依据有关法规、规章和程序，作出支付保证金赔偿的决定。

旅行社自缴纳或者补足质量保证金之日起3年内未因侵害旅游者合法权益而受到行政机关的罚款以上处罚的，旅游行政管理部门应当将旅行社质量保证金的交存数额降低50%，并向社会公告。旅行社可凭省、自治区、直辖市旅游行政管理部门出具的凭证减少其质量保证金。

(三) 旅行社质量保证金的适用

保证金是专用基金，必须专款专用，只用于对旅游者损失的赔偿。任何单位和个人不得以任何理由把保证金挪用。在实际工作中，仍然有旅行社为了解决与其他旅行社的经济纠纷，向债务人所在的旅游行政管理部门或人民法院提出动用保证金的申请。为了维护旅行社质量保证金的严肃性和权威性，保证旅游者的合法权益，2001年1月8日，最高人民法院发布的《关于执行旅行社质量保证金问题的通知》再次强调："人民法院在执行涉及旅行社的案件时，遇有下列情形而旅行社不承担或无力承担赔偿责任的，可以执行旅行社质量保证金：

(1) 旅行社因自身过错未达到合同预订服务质量标准而造成旅游者经济权益损失的；

(2) 旅行社的服务未达到国家或行业规定的标准而造成旅游者经济权益损失的；

(3) 旅行社破产后造成旅游者预缴旅行费损失的；

(4) 人民法院判决、裁定及其他生效法律文书认定的旅行社损害旅游者合法权益的情形。

除上述情形之外，不得执行旅行社质量保证金。"

二、旅行社管理的其他相关制度

(一) 旅行社的业务经营许可证制度

1. 许可证的颁发

旅行社经营许可制度所指的许可证，是经营旅游业务的资格证明，由国家旅游局统一印刷，由具有审批权的旅游行政管理部门颁发。旅游行政管理部门应当向经审查批准申请开办旅行社的申请人颁发许可证。申请人应当在收到许可证的60个工作日内，持批准设立文件和许可证到工商行政管理部门领取营业执照。

2. 许可证的管理

旅行社在经营中有严重违法违纪行为的,由旅游行政管理部门吊销其许可证。旅行社及其分社、服务网点,应当将《旅行社业务经营许可证》《旅行社分社备案登记证明》或者《旅行社服务网点备案登记证明》与营业执照一起,悬挂在经营场所的显要位置。

旅行社业务经营许可证不得转让、出租或者出借。旅行社的下列行为属于转让、出租或者出借旅行社业务经营许可证的行为:

(1) 除招徕旅游者和符合《旅行社实施细则》第三十四条第一款规定的接待旅游者的情形外,准许或者默许其他企业、团体或者个人,以自己的名义从事旅行社业务经营活动的;

(2) 准许其他企业、团体或者个人,以部门或者个人承包、挂靠的形式经营旅行社业务的。

(二) 旅行社的责任保险制度

旅行社责任保险,是指旅行社根据保险合同的约定向保险公司支付保险费,保险公司对旅行社在从事旅游业务经营活动中致使旅游者人身、财产遭受损害应由旅行社承担的赔偿,提供保险金责任的行为。

1997年9月,国家旅游局曾经颁布实施《旅行社办理旅游意外保险暂行规定》,明确"旅行社组队旅游,必须为旅游者办理旅游意外保险"。2001年4月25日国家旅游局局长办公会议审议通过,5月15日发布了《旅行社投保旅行社责任保险规定》(以下简称《规定》)。《规定》要求从2001年9月1日起,旅行社从事旅游业务经营活动,必须投保旅行社责任保险,曾经在旅游界实行4年之久的强制性的旅游意外保险改由游客自愿购买。《规定》对旅行社责任保险的承担范围、旅行社不承担责任的情形、旅行社责任保险的保险期限和保险金额,以及对旅行社违反《规定》的处罚等都有详细的规定。

任务准备

一、团队组建

本书大部分内容采取小组学习的方式进行,请在规定时间(15分钟)

内自行组建学习小组（每组人数视班级情况自定）。

学生分好组后，以小组为单位坐在一起，中间的场地要求空出来，便于组织活动。安排好地接社和组团社，定出组名，编好组歌，画出组徽，制定小组格言，并记录在表1-11中。

表1-11　　　　　　　　　学习小组表

组名			
小组格言			
组徽		组歌	
地接社人员		组团社人员	
组员姓名	联系电话	组员姓名	联系电话

二、教师下发任务书

任 务 书

1. 任务目标

（1）学会结合案例分析有关涉外旅行社法律法规。

（2）能熟悉处理涉外旅行社相关法律案例的步骤。

2. 任务要求

（1）在教师指导和辅助下，以小组为单位通过课堂模拟法庭，审判有关涉外旅行社经营管理的条件，让学生更深刻地掌握有关涉外旅行社若干个案件的法律程序。

（2）以小组为单位，做好各自角色的扮演，熟悉自身的任务。

3. 活动规则

（1）各组自行做好计划书，明确分工。

（2）活动过程必须全体组员参与。

（3）要通过各种形式（照片、视频、漫画、小品演示等）将活动过程记录下来。

（4）任务完成后，要向全班同学汇报，并展示任务的完成过程。

任务实施

一、制订实施方案

认真分析任务，并确定好任务实施方案。

_____
_____
_____

二、确定人员分工

任务实施过程中要明确分工任务，组长要调动组员充分表达不同意见，形成职责清晰的任务分工表，见表1-12。

表1-12　　　　　　　　任务分工表

组员姓名	任务分工

三、过程监督

请各组成员在任务实施过程中做好过程记录，组长负责进行监督，全组共同完成进度监督表，见表1-13。

表1-13　　　　　　　　　　进度监督表

工作阶段	时间	进度描述	检查情况记录	改善措施以及建议

四、各组成员记录任务实施过程中的困难及收获

困难：_____

_____

小组成员想到的解决方法：_____

_____

本次活动的收获：_____

_____

五、展示活动记录

每个小组在任务实施过程中，可以用各种形式把本组相关旅游法规的案例进行角色扮演，以视频形式记录下来，并以各种形式展示出来。

六、班内汇报

汇报内容包括：对本次任务完成情况的介绍、任务实施过程中遇到的困难和解决的方法、对所搜集及观察到的内容的解说等。小组互相评价，并对同学的汇报情况做好记录，见表1-14。

表1-14　　　　　　　　　　班内汇报表

组别	汇报情况（包括任务完成情况、过程处理及搜集效果等方面）

七、归纳总结

通过本次活动,请你归纳:审判涉外旅行社相关案例的法律程序。

_____

_____

评价反馈

以小组为单位,结合表1-15中标准,围绕自己在活动前后的思想、行为等变化,进行客观评价。

表1-15　　　　　　　评价标准及客观评价表

规范及责任意识综合体现评价标准
1. 遵守规则。 2. 能快速找到与组员的共同目标。 3. 能准确无误、无条件地接受并立即执行组内指令。 4. 能按事先确定的方案尽力完成任务。 5. 能建立良好和谐的人际关系,使工作尽快开展。 6. 能够化解任务中的障碍。 7. 能勇于承认错误,敢于承担责任。 8. 能以大局为重,调整自己的工作节奏。 9. 能在团队合作中表达自己的意见,也能虚心接受他人的建议和批评。 10. 为了实现共同目标,能牺牲自己的利益。

活动前		活动后	
思想描述		思想描述	
行为描述		行为描述	
感悟			

思考与练习

案例分析

根据举报，北京市旅游局对国外某旅行社驻北京代表处超范围经营的情况进行调查。该代表处系1998年由国家旅游局批准在京设立的非营业性旅游代表处，业务范围为"从事旅游方面的咨询和联络业务"。自1999年12月底至2001年1月，该代表处擅自从事旅游经营活动，组织中国公民赴欧洲旅游，为客人办理签证，预订酒店、机票，收取旅游团款、订金、订票手续费等，涉及金额46.9万元人民币，获利23452.40元人民币。

问题：
该旅行社的做法有什么不对之处？

模块二　门市部经营管理

任务一　设立门市部

学习目标

完成本节学习任务后，你应当能：
1. 通过本模块的学习，清楚认识门市部的作用。
2. 通过外出调研，让学生展开门市部销售业务。

学习任务

1. 能熟知门市部的选址和室内布局应考虑的因素。
2. 能独立设计和装潢门市部。

任务引入

阅读下面的案例，回答后面的问题。

【案例】

HZ市某涉外旅行社的一个门市2004年8月初开张营业，地址选择在一条新建的特色商业街，并且地处该商业街的中间位置。到2005年2月底，整整近7个月，做成的单子不到10个人。该旅行社门市设计和装潢非常新颖有个性，门市人员的服务也非常周到细致，但是旅游咨询者就是少，就是谈不成单子。

问题：

为什么？你从中得到哪些启示？

_____
_____
_____

任务布置

1. 通过对涉外旅行社门市部的现场考察，让学生更深刻地掌握有关涉外旅行社门市部的选址、室内装饰、产品种类及陈列、对客服务等方面知识，掌握涉外旅行社门市部经营管理的相关知识。

2. 要求每组对该门市的选址、室内装饰、产品种类及陈列、对客服务等方面进行评价，写出调查报告。

知识链接

一、门市选址的原则

门市部是旅行社营业的场所，门市部的选址对旅行社经营业务的开展具有重要的意义。如果选择不当，可能会对旅行社的经营产生不良影响，而选择适当的地址作为旅行社的门市部确实会给旅行社增添更多的生意。

（一）门市选址需要符合的"四大"原则

（1）符合旅行社门市的经营战略。
（2）符合旅行社门市的市场定位。
（3）符合旅行社门市业务经营的要求。
（4）符合旅行社门市的经济性原则。

（二）门市选址还应考虑的"三小"原则

（1）便利原则。门市选址要根据旅行社市场定位需要，为本社目标顾客咨询、预订、购买旅行社产品提供最大的便利。

（2）最大效益原则。衡量门市选址优劣的最重要标准是门市经营能否取得好的经济效益。因此，门市选址一定要有利于经营，才能保证取得最佳经济效益。

(3) 发展原则。门市选址的最终目的还是为了争取经营成功。因此，在选址时，还必须考虑要有利于特色经营、有利于提高市场占有率。

二、门市设计

(一) 占地面积

联合国援华的旅行社经营管理专家路易先生表示，新设立的旅行社门市的规模最好为 46～65 平方米。这个占地面积不仅能够满足旅行社在初创期间的业务需要，也为日后的发展留下一定的余地。

(二) 室内布局

1. 入口及等候区

入口是旅游者走进旅行社后所见到的第一个区域，既要看上去十分舒服，能够对旅游者产生强烈的吸引力，又应该具有较强的实用性，保证前来进行旅游咨询或办理旅游手续的人能够顺利地进出。

等候区是为那些因营业场所内的旅游咨询者人数较多，营业人员一时无法回答，因而给旅游咨询者提供的等候和休息的地方。

2. 接待与咨询服务区

接待与咨询服务区是门市服务的核心区域，必须让顾客感到心情愉快，并且产生这里工作效率极高的印象。这个区域的布局设计要注意以下问题：

(1) 工作人员的座位不能过于拥挤，否则无法保证较高的工作效率。

(2) 接待员的办公桌可以沿房间的墙壁摆放，使接待员面对门口，随时能够看到走进来的旅游者。

(3) 区域内应整齐地摆放一些期刊架，上面摆放最近一期的旅游杂志、报纸、旅游目的地介绍。

3. 后期工作区

后期工作区一般不对外开放，除特殊情况外，不应让旅游咨询者进入这个区域。该区域一般由部门经理办公室、库房和卫生间三部分构成。

三、门市部装潢

旅行社门市部进行装潢特别是内部装潢时，应重点考虑采光、声音、色调、墙壁、地面、家具等因素的搭配和协调。

（一）采光

旅行社业务人员每天需要进行大量的文字工作，并花费大量的时间从事咨询和市场研究，容易产生视觉疲劳，造成工作效率下降和差错率上升。安装比较明亮的吸顶灯，可以改善采光条件，有助于消除视觉疲劳，提高工作效率和降低差错率。

（二）声音

当业务繁忙时，整个接待与咨询服务区域会充满各种噪声，容易使旅游者和工作人员感到烦躁，心情压抑。为了消除噪声，可以采取铺地毯、摆放木制家具和安装布幔等措施。

（三）色调

营业场所的面积一般不大，应避免使用浓重的颜色，因为浓重的色调会使人产生一种压抑感，并使房间看上去比实际面积要小。选择颜色的原则应是"淡妆胜于浓抹"，以乳白、米黄色等中性色调为宜。

（四）墙壁

营业场所的墙壁可以选用油画、大幅地图、布幔、彩色挂毯、异域风光图片等装饰，既可以起到美化室内环境的作用，又可以充当旅游者同接待人员谈话的话题。

（五）地面

门市部的地面应铺设地毯。厚厚的地毯不仅给人以华贵的感觉，更重要的是能够吸收由于繁忙的业务产生的大量噪声，使房间变得静谧、和谐。有些旅行社为了便于打扫，在地面上铺瓷砖。

（六）家具

旅行社在选配家具时应注意使其与房间的整体色调相匹配。一般来说，木制家具的色调比较好，但是价格比较贵。不少旅行社采用金属制作的家具，效果也不错。

任务准备

一、团队组建

本书大部分内容采取小组学习的方式进行，请在规定时间（15分钟）内自行组建学习小组（每组人数视班级情况自定）。

学生分好组后，以小组为单位坐在一起，中间的场地要求空出来，便于组织活动。安排好地接社和组团社，定出组名，编好组歌，画出组徽，制定小组格言，并记录在表2-1中。

表2-1　　　　　　　　学习小组表

组名			
小组格言			
组徽		组歌	
地接社人员		组团社人员	
组员姓名	联系电话	组员姓名	联系电话

二、教师下发任务书

任务书

1. 任务目标

（1）学会对涉外旅行社门市部的现场考察。

（2）学会掌握有关旅行社门市部的选址、室内装饰、产品种类及陈列、对客服务等方面的知识。

2. 任务要求

（1）在教师指导和辅助下，以小组为单位实地调查一家旅行社的门市部，画出该门市部的平面布局图。

(2) 以小组为单位，做好小组间的点评，看谁做得又快又好。
3. 活动规则
(1) 各组自行做好计划书，明确分工。
(2) 活动过程必须全体组员参与。
(3) 要通过各种形式（照片、视频、漫画、小品演示等）将活动过程记录下来。
(4) 任务完成后，要向全班同学汇报，并展示任务的完成过程。

任务实施

一、制订实施方案

认真分析任务，并确定好任务实施方案。

_____
_____
_____
_____
_____

二、确定人员分工

任务实施过程中要明确分工任务，组长要调动组员充分表达不同意见，形成职责清晰的任务分工表，见表2-2。

表 2-2　　　　　　　　任务分工表

组员姓名	任务分工

三、过程监督

请各组成员在任务实施过程中做好过程记录,组长负责进行监督,全组共同完成进度监督表,见表 2-3。

表 2-3　　　　　　　　　　进度监督表

工作阶段	时间	进度描述	检查情况记录	改善措施以及建议

四、各组成员记录任务实施过程中的困难及收获

困难：_____

_____

小组成员想到的解决方法：_____

_____

本次活动的收获：_____

_____

五、展示活动记录

每个小组在任务实施过程中,可以用各种形式把本组拟开设的涉外旅行社门市部进行设计、装潢,看谁家的旅行社叫座率最高,并以各种形式展示出来。

六、班内汇报

汇报内容包括：对本次任务完成情况的介绍、任务实施过程中遇到的困难和解决的方法、对所搜集及观察到的内容的解说等。小组互相评价,并对同学的汇报情况做好记录,见表 2-4。

表 2-4　　　　　　　　　　班内汇报表

组别	汇报情况（包括任务完成情况介绍、过程处理及搜集效果等方面）

七、归纳总结

通过本次活动，请你归纳：门市部的选地设计和装潢应考虑的因素。

_____
_____
_____
_____

评价反馈

以小组为单位，结合表 2-5 中标准，围绕自己在活动前后的思想、行为等变化，进行客观评价。

表 2-5　　　　　　　　　评价标准及客观评价表

规范及责任意识综合体现评价标准
1. 遵守规则。
2. 能快速找到与组员的共同目标。
3. 能准确无误、无条件地接受并立即执行组内指令。
4. 能按事先确定的方案尽力完成任务。
5. 能建立良好和谐的人际关系，使工作尽快开展。
6. 能够化解任务中的障碍。
7. 能勇于承认错误，敢于承担责任。
8. 能以大局为重，调整自己的工作节奏。
9. 能在团队合作中表达自己的意见，也能虚心接受他人的建议和批评。
10. 为了实现共同目标，能牺牲自己的利益。

续　表

	活动前		活动后
思想描述		思想描述	
行为描述		行为描述	
感悟			

思考与练习

案例分析

海天旅行社是 S 市一家颇具实力的旅行社。为了显示该旅行社的经济实力，同时也便于清扫，该旅行社在装饰其门市部的地面时，使用了造价昂贵但是光亮度高的大理石，并配装了具有欧洲古典风格的枝形吊灯，使人看上去有一种富丽堂皇的感觉。过了一段时间，该门市部的工作人员却反映他们无法集中精力接待客人，经常感到心烦意乱，许多客人也显得脾气暴躁，与装修前的情形相比发生了很大变化。于是，该旅行社的总经理请来了某大学的王教授，向他讨教。王教授建议总经理在地面上铺上化纤材料的地毯，并将吊灯换成光线柔和的壁灯。果然，工作人员感觉舒服多了，不再心烦意乱，客人也变得和气多了。

问题：
从以上案例中，你得到哪些启示？

任务二　门市部日常经营管理

学习目标

完成本节学习任务后，你应当能：
1. 开展门市部销售业务。
2. 独立完成门市部客户接待工作。

模块二 门市部经营管理

学习任务

1. 创建学习小组。
2. 收集相关涉外旅行社日常接待业务的案例，分小组进行角色扮演，看看谁能深入透彻地理解案例的真正含义，教师进行点评。

任务引入

阅读下面的案例，回答后面的问题。

【案例】

国庆节前夕，年近70岁的叶老太太想去华东一游，几经比较，觉得北京海外旅行社的路线和报价比较合理，于是报了名。但这时团队已经组好，对这位迟到的老太太，该社的门市给予了热情的接待，不但迅速帮她办好了各种手续，而且几经周折给她买到了下铺的车票，又考虑老太太行动不便，还派人将她送上火车。于是这位老太太用事实得到了结论——北京海外旅行社服务质量高，企业形象好。她又把自己的亲身经历告诉了众多的亲友，亲友纷纷表示：我们都去找"海外"。

问题：

为什么？你从中得到哪些启示？

_____
_____
_____

任务布置

1. 通过课堂模拟门市销售过程，让学生更深刻地掌握有关旅行社门市部销售的相关知识和技能，学会门市销售。
2. 每小组负责模拟一个销售情景，要求按照门市销售的程序进行，指导老师注意引导学生进入角色状态以及临场思考发挥。

知识链接

一、售前服务

（一）线路策划

根据旅游季节、景区特点、游客需求，策划出人性化、个性化、经典化的旅游线路。

（二）编制线路行程、报价核算

配合旅行社的计调编制线路行程。

（三）推广线路

充分利用各种媒体：日报、晚报及横幅、彩报等方式告知游客。

二、售中服务

（一）热情、耐心接听、解答客户的咨询

前台接待人员必须拥有五大素质：好学与自学、热情与微笑、耐心、细心、沟通能力。

（二）记录客户资料

详细记录客户的联系方式、出游线路、出游日期、旅游人数、特别需求等。

（三）跟踪及反馈

与客户联络保持一定频率，跟踪客户最新出游信息，尽可能按客人需求，调整旅游线路、报价。督促客户及早下单，签约。

（四）接受报名

工作人员应详尽、如实地向游客说明行程安排、行程标准、注意事项、自费项目等。

（五）出游准备

特殊团体：约定时间召开见面会。一般团体：在出发前一天，通知客户出发时间、地点、出游准备、目的地注意事项、自费项目、送机人联系方式、导游联系方式等。

三、售后服务

（一）服务跟踪

细心问候行程中的游客，如有质量投诉情况，及时调整，尽最大努力为游客提供一个舒适、愉快的旅游环境！

（二）计调调整

人算不如天算，行程计划如有变化，遵循三大原则：变更最小原则、宾客至上原则、同级变通原则。

（三）定期回访

建立客户档案，定期以电话、短信、登门拜访等形式回访客户，建立一个良好的客户群。

（四）总结回顾

团团有总结，认真对待客户的建议，并对建议进行分析、评价、解释。年年有回顾，吸取教训，秉承优良工作作风。

四、门市的咨询服务

（一）人员咨询服务

是指门市接待人员接待前来旅行社门市进行咨询的旅游者，回答旅游者提出的有关旅游方面的问题，向旅游者介绍旅行社的散客旅游产品，提供旅游建议。在提供人员咨询服务过程中，门市接待人员要热情友好、礼貌待客。

（1）当顾客进入旅行社门市部时，应上前主动问好或者起身问好，请其坐下，及时送上一杯水，让顾客感受到贴心的服务。

（2）通过与顾客的交谈，询问顾客的旅游需求，并认真记录。

(3) 根据顾客的要求介绍本公司的产品。

(4) 随时注意观察顾客，能够根据顾客的需求不断地调整所介绍的产品。

(5) 根据不同顾客的喜好和年龄向其介绍本公司产品的亮点和特色。

(6) 顾客如果对某产品产生一定的兴趣，最好马上促成购买。

(7) 如果顾客最后无意购买本公司的产品，也要认真记录顾客的信息，在顾客临走的时候也要热情相送，对有潜力的顾客可以送上公司的小纪念品。

(8) 如果是因为本公司的产品有限不能满足顾客的需求，应记录顾客的详细信息，向顾客道歉。并告知顾客待公司有该类产品后一定以优惠的价格或者优先请顾客来参加。

(二) 电话咨询服务

是指门市服务人员通过电话回答旅游者关于旅行社产品及其他旅游服务方面的问题，并向旅游者提供本旅行社有关产品的建议，积极促成、宣传本旅行社的产品、信誉、品牌。在提供电话咨询服务过程中，门市服务人员应该注意尊重顾客并积极主动。

(1) 电话铃响 3 声之内，接起电话，主动问好并自报家门。

(2) 了解顾客需求。

(3) 了解顾客个人的基本信息，留下顾客的具体联系方式。

(4) 介绍本旅行社的有关产品。

(5) 提供报价。

(6) 积极促成、宣传本旅行社的产品、信誉、品牌。

(7) 礼貌结束电话服务。

(三) 信函咨询服务

是指门市服务人员以书信形式答复旅游者提出的关于旅游方面和旅行社方面的各种问题，并提供各种旅游建议的服务方式。目前，门市的信函咨询服务主要利用传真设备进行。信函咨询的书面答复应该做到语言明确、简练规范、字迹清楚正确，不允许出现错别字。

(1) 收到信函咨询，应在 24 小时内作出回复。

(2) 认真核对信函内的相关信息。

(3) 回复信函时，应注意语言明确、简练规范、字迹清楚正确，不忘签名。

（4）回复后，应随时关注对方是否还有回复。

（5）如果对方购买公司的产品，应在最后一份回复中，双方签名，盖章。

（6）妥善保管已收到的信函原件及其复印件。

(四) 网络咨询服务

（1）了解顾客的需求，及时回答顾客的问题。

（2）根据顾客需求查看本公司的产品，如果有，马上发给顾客。

（3）如果本公司没有顾客要求的产品，积极引导顾客购买其他相类似的产品。

（4）如果顾客对本公司的产品不满意，可以推荐其他旅行社的产品（成功后转卖给其他旅行社）。

（5）向顾客介绍其产品的性价比，促成购买。

（6）顾客对产品有购买意向后，应问清楚顾客的详细信息，并要求通一次电话。

任务准备

一、团队组建

本书大部分内容采取小组学习的方式进行，请在规定时间（15 分钟）内自行组建学习小组（每组人数视班级情况自定）。

学生分好组后，以小组为单位坐在一起，中间的场地要求空出来，便于组织活动。安排好地接社和组团社，定出组名，编好组歌，画出组徽，制定小组格言，并记录在表 2-6 中。

表 2-6　　　　　　　　　学习小组表

组名			
小组格言			
组徽		组歌	
地接社人员		组团社人员	

续　表

组员姓名	联系电话	组员姓名	联系电话

二、教师下发任务书

任　务　书

1. 任务目标

(1) 学会门市部销售过程的技巧和方法。

(2) 学会有关涉外旅行社门市部销售的相关知识和技能。

2. 任务要求

(1) 在教师指导和辅助下，以小组为单位模拟一个销售环境，小组成员分成门市部的若干个角色和顾客角色，每个角色的扮演者必须熟悉自己的任务。

(2) 以小组为单位，做好小组间的点评，看谁做得又快又好。

3. 活动规则

(1) 各组自行做好计划书，明确分工。

(2) 活动过程必须全体组员参与。

(3) 要通过各种形式（照片、视频、漫画、小品演示等）将活动过程记录下来。

(4) 任务完成后，要向全班同学汇报，并展示任务的完成过程。

任务实施

一、制订实施方案

认真分析任务,并确定好任务实施方案。

_____
_____
_____
_____
_____

二、确定人员分工

任务实施过程中要明确分工任务,组长要调动组员充分表达不同意见,形成职责清晰的任务分工表,见表 2-7。

表 2-7　　　　　　　　　　　任务分工表

组员姓名	任务分工

三、过程监督

请各组成员在任务实施过程中做好过程记录,组长负责进行监督,全组共同完成进度监督表,见表 2-8。

表 2-8　　　　　　　　　　　进度监督表

工作阶段	时间	进度描述	检查情况记录	改善措施以及建议

四、各组成员记录任务实施过程中的困难及收获

困难：_____

_____

小组成员想到的解决方法：_____

_____

本次活动的收获：_____

_____

五、展示活动记录

每个小组在任务实施过程中，可以用各种形式把本组搜集到的涉外旅行社门市部销售视频的信息记录下来，并以各种形式展示出来。

六、班内汇报

汇报内容包括：对本次任务完成情况的介绍、任务实施过程中遇到的困难和解决的方法、对所搜集及观察到的内容的解说等。小组互相评价，并对同学的汇报情况做好记录，见表2-9。

表2-9　　　　　　　　班内汇报表

组别	汇报情况（包括任务完成情况介绍、过程处理及搜集效果等方面）

七、归纳总结

通过本次活动，请你归纳：涉外旅行社门市部销售的过程和技巧。

_____

_____

_____

_____

评价反馈

以小组为单位，结合表2-10中标准，围绕自己在活动前后的思想、行为等变化，进行客观评价。

表2-10　　　　　　　　评价标准及客观评价表

规范及责任意识综合体现评价标准
1. 遵守规则。 2. 能快速找到与组员的共同目标。 3. 能准确无误、无条件地接受并立即执行组内指令。 4. 能按事先确定的方案尽力完成任务。 5. 能建立良好和谐的人际关系，使工作尽快开展。 6. 能够化解任务中的障碍。 7. 能勇于承认错误，敢于承担责任。 8. 能以大局为重，调整自己的工作节奏。 9. 能在团队合作中表达自己的意见，也能虚心接受他人的建议和批评。 10. 为了实现共同目标，能牺牲自己的利益。

	活动前		活动后
思想描述		思想描述	
行为描述		行为描述	
感悟			

思考与练习

案例分析

李先生进入某旅行社门市部，发现门市部接待人员正在忙于操作计算机，三五分钟了都没人理睬他。李先生就自己拿了一些宣传资料看，当拿到一份"梦江南——云南昆明大理豪华9日游"的宣传活页时，门市部接待人员冷不丁地说了一句:"这条线路很贵的!"听了这句话,李先生顿时如吞了一只苍蝇,马上逃出了该旅行社的门市部。

问题:

从以上案例中,你得到哪些启示?

模块三　计调部经营管理

任务一　国内游计调

学习目标

完成本节学习任务后，你应当能：
1. 了解旅行社计调的含义和业务范围。
2. 掌握计调人员的素质要求和岗位职责。
3. 掌握国内游地接计调和组团计调的业务流程。

学习任务

1. 组建学习小组。
2. 搜集国内游地接计调的案例，制定广州两日游的接待计调方案流程。

任务引入

阅读下面的案例，回答后面的问题。

【案例】

旅游者刘某及其家人参加了某旅行社组织的青岛、大连、旅顺、蓬莱、烟台、威海、崂山双卧双船十日游。旅游者在到达旅游目的地之后方得知他们需要在旅游目的地与其他旅行社团的旅游者"拼团"游览，并且旅行社没有委派全陪导游随行，造成旅途中许多问题无人沟通协调，不能及时解决；住宿标准也未达到合同约定的二星级饭店标准；从大连到烟台乘船承诺为三等舱（8~12人高低铺），实际为40人左右高低铺，降低了标准；此外，地接社导游安排不当，接站延误，耽搁时间，致使旅游者在大连人民广场从凌晨3点坐等到7点才吃早饭，期间4个小时无处休息；又因入住问题耽误旅游者4个小时；而且地接社将两天行程压缩为一天进行，另一天自由活动。旅游者在游览结束返回后向有关部门提出了投诉。

问题：

1. 上例中旅行社组团业务和接待业务出现了哪些问题？
2. 组团业务和接待业务操作应如何正确进行？

任务布置

1. 情景布置：现有一个广西团准备参加广州两日游，你作为广州某旅行社的计调员，请为该团制定一份地接计调方案流程。

2. 以小组为单位，4~5人组成一组，围绕以上情景，分小组讨论上述案例。

3. 各小组制作一份方案书，该方案书应体现地接计调项目服务的全部流程，并做一些简单的解释。

知识链接

一、计调的含义

计调（OPERATOR，OP），计划与调度的合称，是旅行社内部专职为旅行团、散客的运行走向安排接待计划，统计与之相关的信息，并承担与接待相关的旅游服务、采购和有关业务调度工作的一种职位类别。计调是旅行社完成地接、落实发团计划的总调度、总指挥、总设计。计调业务是旅行社业务运作的灵魂。

广义上的计调业务是指对外代表旅行社同旅游服务供应商建立广泛的协作网络，签订采购协议，保证提供旅游者购买的各种服务，并协同处理有关计划变更和突发事件；对内做好联络和统计工作，为旅行社业务决策和计划管理提供信息服务。

狭义上的计调业务是指旅行社为落实旅游计划所进行的旅游服务采购，以及为旅行社业务决策提供信息服务等工作的总称。

二、计调工作业务范围

（一）设计行程和报价

行程设计应以客人的需求为前提，同时需保证旅行社实现利润最大化。如遇客人有特殊需求，计调人员应及时与客人沟通，并妥善作出相应的接待方案，并清晰准确地向客人报价。

（二）采购并监督团队接待情况

对地接团应根据客户需要提前预订宾馆、车、餐厅、导游、交通工具等；对于组团赴外地旅游的，应提前与目的地地接社洽谈，安排确认接待的一切细节。

（三）业务跟进

每次旅游结束后，导游来报账时应严格把关，与财务仔细核对账目，确保准确无误。同时，认真查看游客填写的意见反馈单，有问题应提醒相关部门注意改进。

（四）更新报价

负责及时、准确地更新公司网站及各种广告上的旅游线路及报价，实时更新房价及机票政策，以备报价所需。

（五）开发新产品

时常分析同行旅行社推出的常规、特色旅游路线，设法力推本公司的特色线路及旅游方案，做到知己知彼，在激烈的市场竞争中获得优势地位。

三、计调在旅行社中的作用和地位

（一）计调是旅游行程中的命脉

销售部、计调部、接待部作为旅行社经营管理具体操作的三大模块，与财务、人事等后勤部门共同组成了旅行社的整体运作体系。外联人员和旅游团队取得联系后，计调部需根据团队客人的特点及要求进行用车调配、行程安排、食宿落实、票务预订、景点确认等，然后再交接待部门派导游执行。可见,计调部门的有效运作将直接影响整个旅行社团队的业务质量。

(二)计调是旅游活动的幕后操纵者

计调人员的工作并非一项简单重复的技术活,而是具有较强的专业性、自主性和灵活性。计调人员是旅游活动的幕后操纵者,是旅行社完成地接、落实发团计划的总调度、总指挥、总设计。

成本控制与质量控制是计调部的两大核心工作。一个好的计调人员必须做到兼顾成本控制与团队运作效果,即能在保证团队运作良好的前提下,根据不同行程编制出成本最低的路线。在旅游的客房旺季,计调人员应能设法争取到紧张的客房及餐位,这对旅行社也是非常重要的。要实现质量监控,计调人员除了应细心周到地安排团队计划书外,还要对做接待旅游团队的整个行程进行监控。旅行社通过计调部实现对旅游团队活动情况的跟踪了解,对导游服务进行跟踪,对旅游途中的各种突发事件进行灵活处理。

(三)计调人员是保证旅行社成本领先与质量控制的核心

成本领先要求计调要与接待旅游团队的酒店、餐馆、旅游车队及合作的地接社等洽谈接待费用,因此,计调直接决定旅行社的成本。

在旅行社中,计调部需负责整合旅游资源、包装旅游产品、市场定位,可以说计调人员是市场的敏锐器,不仅要了解旅客心理,更要具有分销意识及产品开发能力。在具体操作中,一名称职的计调应该做到熟悉业务,对团队旅行目的地的情况、接待单位的实力、票务运作等都胸有成竹。采购方面要求计调具有高度的市场意识,清楚了解旅游市场的总体情况、各旅游目的地的变化、各地接待单位实力情况,做到按季节及时掌握各条线路的成本及报价,确保对外报价的可靠性、可行性和准确行,工作上不断创新。

(四)计调是旅行社完成地接、落实发团计划的总调度、总指挥、总设计

计调工作"事无巨细,大权在握",有较强的专业性、自主性和灵活性,计调岗位的工作人员作为旅行社工作的幕后操作者必须具备较高的水平和素质,他们是为旅行社创造经济效益的重要后盾。

四、计调人员业务范围

(一) 计调人员的主要职责

计调部门作为旅行社的核心部门，其运作情况直接影响和决定着旅行社的正常工作。为了提高工作效率，增加工作效益，计调工作人员应本着"恪尽职守、求实创新"的态度，履行如下岗位职责：

(1) 负责对内接待、安排旅游团及对外计划、协调、发团等。

(2) 广泛搜集和了解不断变化的旅游市场信息及同行相关信息。对其他旅行社推出的常规、特色旅游线路逐一分析，力推本社特色线路及旅游方案。

(3) 修改、制定和完善本社各常规线路的行程及具体安排，及时提出符合客人要求的旅游线路及报价建议。

(4) 计调部人员在协调、安排市郊及周边地区旅游团旅游时，对有关交通服务、导游服务等方面，要协助本部门经理，尽量做到有备无患。在安排游客的食、住、玩等活动时，尽量考虑周到，在确保团队质量的前提下，力争"低成本、高效益"。

(5) 为提高工作效率，在工作中，按季节及时掌握各条线路的成本及报价，以确保对外报价的可靠性、可行性及准确性。

(6) 加强同外联人员的联系，及时了解、掌握、分析反馈的信息，然后进行消化、吸收、落实，提出合适的线路和价位建议。

(7) 按规定整理团队资料，做好归档工作，包括旅游交易会的资料归档，以及日常业务中的传真件和地接社或组团社的宣传资料，以便今后做线路时查找方便。

(二) 计调人员的具体分工

在一些旅行社中，计调人员分工很细，由于每位人员的具体分工不同，其具体职责范围也不一样。

1. 信息资料员

掌握市场信息是旅行社决策的重要依据。信息资料员的具体职责如下：

(1) 收集、整理来自旅游业的各种信息，将汇编的信息资料下发给有关部门，并存档备查。

(2) 向旅行社的决策层提供所需信息及资料分析报告。

(3) 收集旅游团的反馈信息并制作列表。

2. 统计员

反映旅游经济现象的统计资料，是旅行社制定下一年度业务规划的重要参考依据。统计员的具体职责如下：

(1) 统计全社旅游业务月、季报表，编写接待人数月、季报告。

(2) 承接并向有关部门及人员分发旅游团的接待计划。

(3) 承接并安排各地旅行社的接待计划。

(4) 向旅行社决策层、财务部门提供旅游团（者）流量、住房、交通等方面的业务统计及分析报告。

(5) 编写全社年度业务计划。

3. 值班联络员

旅行社经营涉及面广、信息量大，值班联络是上下及内外进行沟通、衔接的重要环节。值班联络员的具体职责如下：

(1) 做好昼夜值班记录和电话记录，并准确无误地进行转达与传递。

(2) 对全社的接待计划做到了如指掌，并在登记表上及时指出接待团的编号、人数、服务等级、订房情况、抵离日期、下一站城市、船号或车次时间等。

(3) 掌握旅游团的取消、更改情况，并及时通知有关人员做好调整接待。

4. 订房业务员

旅行社要根据旅游团及游客的不同要求、不同档次，合理安排住房。订房业务员的具体职责如下：

(1) 与饭店洽谈房价，并签订协议书。

(2) 根据接待计划为游客及导游预订住房。

(3) 认真负责地做好预订房的变更或取消工作。

(4) 制作旅游团住房流量表及其单项统计。

(5) 协同财务部做好旅游团（者）用房的财务核算工作。

5. 内勤业务员

内勤业务是旅行社经营业务中必不可少的。内勤业务员的具体职责如下：

(1) 与餐厅、车队进行洽谈，签订协议书。

(2) 根据接待计划，为旅游团（者）订餐、订车，如有变更或取消要做好变更工作。

(3) 负责安排宴请、冷餐会、大型招待会。

(4) 为旅游团（者）预订文艺节门票，负责落实专场演出等。

(5) 负责安排特殊要求的参观、访问、拜会等。

(三) 计调人员的主要工作

计调人员的主要工作，是分发和落实各业务部门提交的预订计划，变更计划；协助导游中心监控接待计划的实施，处理预订计划在实施过程中遇到的问题；及时收集、掌握、管理、分析和传递各种信息资料，提高咨询服务质量，协助外联人员和宣传策划人员调整产品结构，核定产品成本，负责业务档案的整理、归纳工作；负责选择和评审工作；负责对饭店、购物、娱乐场所、餐厅、旅游运输公司的不合格服务提出处理意见并负责实施。

(四) 计调人员的素质要求

在旅行社的经营管理中，销售部、计调部、接待部构成了旅行社具体操作的三大块，与财务、人事等后勤部门组成了整个旅行社的运作体系。其中，计调部起着联系各方的作用。计调就是计划调配的意思。它的运作，通常是计调人员从销售部或销售人员手中接下任务后开始，进行用车的调配、行程的安排、饭店的落实、票务的预订、景点的确认等，然后交给接待部门执行。通过计调部的有效运作，使各部门形成完整的、互动的经营体系。

许多行外人士甚至部分旅行社经营管理人员都有一种误解，认为在有关旅行社的服务质量投诉中，很大一部分是由于员工的素质及服务态度造成的。但据有关资料显示，旅行社发生的服务质量问题，其根源，很大部分可追溯到计调人员的操作上去。

所以一个管理严格、完善的旅行社，应对计调人员的素质提出以下要求：

(1) 业务熟练。必须对团队的旅行目的地情况、接待单位的实力及票务运作等都胸有成竹。一般来说，旅行社计调人员多是做过几年导游的，有较丰富的带团实践经验，对计调部业务轻车熟路。

(2) 具有敬业精神。必须热爱旅游事业，计调工作其实是很枯燥的，由无数琐碎的工作环节组成，没有敬业乐业的精神，是无法把这份工作做好的。

(3) 认真细致的工作态度。旅游是个一环紧扣一环的活动，而负责将这些环节紧扣在一起的工作便由计调人员去完成。如果没有认真负责的工作态度，票务、用车、接送团队等其中一环没扣好或没扣上，就会出现一招不慎、满盘皆乱的失控局面。

(4) 精确的预算能力。必须要做到成本控制与团队运作效果相兼顾。也就是说，必须在保证团队有良好的运作效果的前提下，能在不同行程安排中编制出一条成本控制得最低的经济线路出来。要多问几个为什么，为什么其他旅行社能做下来，而我们做不下来。

(5) 不断学习、创新的能力。旅游市场千变万化，计调人员必须要懂得不断学习的重要性，要不断向经验丰富的导游人员和其他工作人员学习；认真了解旅游市场、各旅游目的地的变化、各地接待单位实力的消长情况等，还要根据学习的收获，不断对工作进行创新，跟上时代潮流的发展。

(6) 良好的人际关系和较强的交际能力。在与有关部门、单位的协作中，善于配合、谦虚谨慎、广交朋友，同时注意维护本旅行社的声誉。

(7) 严格的组织纪律观念。对有关重大问题，必须多向领导请示汇报，待批准后再进行处理，千万不可擅自决定，否则后果不堪设想。

(8) 较强的法制观念。要严格遵守财务制度和合作单位的各项规定，自觉维护国家和集体利益，绝不谋取私利。

(9) 熟练使用电脑；熟悉旅游计调业务；熟练使用地图册、列车时刻表、航班时刻表。

(10) 有一定的地理、历史知识及文案写作和计算能力。

如今，旅游行业呈现国际化、大型化、网络化的发展趋势，这是一个更强调服务个性化的时代。它对旅行社计调人员素质的要求也越来越高。旅行社计调人员能否跟得上时代的潮流，能否组合出更具个性化的旅游产品，正日益成为旅行社之间竞争的着力点。

五、国内游计调

(一) 国内游地接计调

国内游地接计调项目服务流程具体如下：

1. 根据组团社要求编排线路，制定行程

旅游行程是旅行社根据市场需求，结合旅游资源和接待服务的实际状况，为旅游者设计的、包括整个旅游过程中全部旅游项目和服务内容的旅行游览计划，其主要内容包括以下几个方面：

(1) 确定行程名称

行程名称是行程内容及设计思路等方面的高度概括，因此行程名称的确定应遵循简约、突出主题、有时代感、有吸引力等原则。

(2) 制订行程计划

旅游行程即以一定的交通方式将行程各节点进行的合理连接。节点，是构成旅游行程的基本空间单元，通常一个有特色的旅游目的地即一个行程节点。一般而言，同一条旅游行程中的各个节点有着相同或相似的特点，用于满足旅游者的同一需求并服从于某一旅游主题，起着相互依存、相互制约的作用。制订旅游行程计划，即在行程上对各节点进行合理布局，合理安排从始端到终端以及中间途径地之间的游览顺序的过程。制订行程计划时应全面观察、综合平衡、合理布局，体现节约时间、费用最少、交通方便、设计合理的原则。

(3) 安排活动日程

制定活动日程时，对旅游行程中具体的旅游项目内容、活动日期、地点的安排应遵循劳逸结合、精彩丰富、各具特色的原则。

(4) 选择交通方式

在交通方式的选择上应体现安全、舒适、经济、快捷、高效的原则，要综合利用各种交通方式与工具，扬长避短，合理衔接。如直升机、水翼船、汽车适宜短途旅游；客机、海上游轮适合长途旅游；飞机可以减少旅途时间；长途火车有利于避免游客疲劳；汽车机动灵活，适合于短途旅行。

(5) 安排住宿餐饮

安排住宿餐饮时应遵循安全健康、环境卫生、经济实惠、交通便利、体现当地特色等原则。

(6) 留出适当购物时间

安排游客购物时间时应遵循时间合理、尽量满足大部分旅客需求，不强求、不重复、不单调、不紧张、不疲惫的原则。

(7) 安排其他娱乐活动

娱乐活动应体现当地民族文化的主旋律，以文化交流为主要目的，活动内容宜丰富多彩、文明健康、雅俗共赏、互动性强。

2. 向组团社报价

涉外旅行社产品价格主要由成本、利润、税金三部分组成，它是旅行社获得收入和赢利的主要手段。确定明确具体、现实可行的定价目标是旅行社进行价格管理的前提。所谓涉外旅行社产品的定价目标是指涉外旅行社为产品定价时,预先设定的通过价格手段所要达到的预期目的和标准,具体包括以下几种:

(1) 维持生存目标

维持生存目标又称生存导向目标,是指当旅行社面临竞争态势异常恶劣、客源大减、资金周转不灵、产品难以售出等困难时,为免破产倒闭,可以选择以保本价格甚至亏本价格出售产品,以争取客源、维持营业,并努力争取研制新产品的时机,从而安全渡过经营危机,重新占领市场。该定价目标通常只作为特定时期的过渡性目标,当旅行社出现转机时,它将被其他定价目标取代。

(2) 当期利润最大化目标

当期利润目标又称利润导向目标,是指当旅行社及其产品在市场上居领先地位,其他竞争对手力量不强,旅行社产品在市场上供不应求时,旅行社可采取扩大销售量、提高价格的方式实现利润最大化的目标。需要注意的是,利润最大化并不意味着价格最高,使用该目标可能会影响市场占有率,为竞争者提供机会,因而旅行社应慎用,在使用时做好长远的经营战略。

(3) 预期收益目标

预期收益目标又称收益导向目标,是指旅行社以获取一定的销售利润为目标,采取成本加成定价法进行产品定价。这种定价目标难免会忽略市场需求和竞争状况等其他因素,因而较适用于价格决策受弱小竞争者影响较小的一些资产庞大、竞争力强的大型旅行社。

(4) 扩大市场占有率目标

扩大市场占有率目标又称销售导向目标,是一种注重长期收益的定价目标。市场占有率也称市场份额,是指企业产品的销售量在同类产品销售量中所占的百分比。由于产品价格的高低一般与市场占有率成反比,所以如果旅行社产品的市场占有率高,那么可以通过在价格和市场控制上的优势提高自身产品竞争力。对于新创立或不满足自己市场占有份额的旅行社,一般可采取把自己产品价格调到低于竞争者同类产品价格的水平,从而实现市场渗透,取得更大的市场占有率。这是暂时放弃眼前利益以获得长远利益的一种战略。

(5) 应付或防止竞争目标

应付或防止竞争目标又称竞争导向目标。在旅游市场竞争中,价格是最有效而又最敏感的竞争手段，旅行社可以利用这一手段，根据有影响力的竞争对手的价格，结合自身条件对产品进行定价。在一个竞争激烈的旅游产品市场中，若自己旅行社实力较弱，定价则应该低一些，若自身具备资产雄厚、产品质量优异、服务水平高等特别优越的条件，则可以把价格定高一点。

（6）树立或维持良好形象目标

树立或维持良好形象目标又称形象导向目标。旅行社形象是旅行社在长期的市场营销及经营管理过程中在消费者心中形成的一种精神感知。旅行社的良好形象将直接影响旅行社产品的销售、市场占有率、竞争能力等，从而决定着旅行社的利润。因而，旅行社应设法提高产品质量，推行优质、优价服务，产品价格的制定要符合企业形象的要求。这种形象导向目标既有利于提高旅行社的产品销售量和利润率，又能改变目前我国旅游市场上存在的恶性削价竞争局面，保障旅游业的良性健康发展。

3. 制订接团计划

在这一阶段，旅行社应根据行程安排落实好机/车/船票的时间，做好可能发生的突发事件的预案。

4. 落实接团计划

计调人员在采购机/车/船票前应再次确认游客人数、时间，提前向组团社索取旅客名单及信息，填写导游带团任务单时要反复核对内容，不能马虎。

5. 安排导游

计调人员应提前把相关业务单据派发给导游，对一些特殊的注意事项应提前通知导游做好应对准备。

6. 跟踪团队，处理问题

计调人员应密切关注团队运作情况，对团队运作中发生的突发事故或紧急事件应灵活应变、及时处理，若遇重大问题难以定夺应及时请示，保证团队质量。

7. 审核导游账单，协助结算

行程结束后，计调人员应认真审核导游账单，协助财务进行账单结算。

8. 团队资料归档

旅游结束后，计调人员应收集并认真总结客户对服务的满意度，正确处理客户提出的意见和建议，相关资料应分类归档。

（二）国内游组团计调

国内游组团计调服务主要包括：获取游客信息；设计线路，编排行程；寻找合适的地接社进行报价，并做出总报价；与游客或业务员沟通，调整行程；编写接待计划；协助业务员与游客签订合同；预订机票；安排导游；跟踪团队；协助导游报账结算；结算游客团款；行程结束团队资料归档，跟踪回访。

1. 设计路线

（1）收集旅游目的地信息

计调人员应提前收集旅游目的地景点、交通、酒店、购物等信息。

（2）方案的拟订与选择

在拟订方案前，计调人员应了解旅游者的需求、竞争对手的产品特点，与旅行社销售人员和旅游代理商进行沟通，较准确地掌握市场需求。通过在市场调查过程中形成的构思进行筛选和可行性分析，最终形成产品的设计方案。在进行构思筛选时，旅行社人员可根据自己的直观经验进行判断，剔除与旅行社发展目标、业务专长和接待能力等明显不符或不具可行性的构思，从而缩小构思范围，然后再对初步筛选出的有效构思进行等级评定。另外，在进行构思的可行性分析时应综合考虑发展前景、市场销售、竞争态势、价格、内部条件等信息。同时，在拟订方案时还应注意国家在旅游事业发展方面的有关方针、政策和法律，各类旅行社在业务范围和专长方面的差异，以及不同地区旅行社的目标群体的差异。

（3）产品定价

旅行社产品价格受多方面因素影响，如企业战略变化、机票价格、饭店价格等，旅行社在制定产品价格时应考虑企业的整个营销战略，使产品价格始终与企业营销战略保持一致。

（4）试产试销

产品设计方案确定后，旅行社应在与相关部门达成协议的同时将产品设计方案付诸实施，进行试销性销售，以达到了解产品销路，检验市场营销组合优劣，发现并解决问题的目的。在试产试销过程中，旅行社应注意保持产品规模适中，保证产品质量，充分估计各种可能的情况，尽量做到有备无患。试销结果不理想的产品切忌投入市场。

(5) 投放市场

试销效果好的产品应尽快投放市场，以尽早获得预期经营利润。产品正式投放市场时，计调部应协同销售部等部门运用销售渠道策略、促销策略、价格策略等市场营销手段，尽量扩大产品在市场中的占有份额，提高产品销售量和利润率。

(6) 检查完善

产品投入市场并非产品设计过程的终结，旅行社还应对产品进行定期检查，以及必要的完善和改进，广泛收集各种反馈信息，为进一步开发产品提供依据。对产品的检查除了考虑发展趋势、销售市场、竞争态势、价格和内部条件等因素外，还应着重对产品的收益情况进行分析，包括损益平衡分析和价格分析。损益平衡分析是通过对产品销售量、销售收入、成本等几个变量进行比较分析，明确旅行社盈亏状况。价格分析则是根据产品质量和需求的价格弹性等因素，对产品的价格水平进行衡量。如果销售价格过高，则容易导致客源流失、产品滞销；如果价格偏低，则会影响旅行社的赢利水平。

(7) 搜集反馈意见

搜集反馈意见的程序应放在产品制作程序中，且应基于对产品质量、销售效果直接掌控的理由进行，其好处是避免企业内部工序之间互相扯皮推诿，使优秀产品真正成为拉动企业发展的主线。在搜集反馈信息的时候还应注意综合考虑各种主客观因素，避免只凭最终的数据来判断产品的优劣。

2. 甄选地接社

发团社在甄选地接社时应小心谨慎，一个好的接团社不仅能为游客提供良好的服务，还能为发团社赢来良好的信誉和回头客源。发团社在接团社的选择上应注意考察下列标准：

(1) 考察旅行社的合法性

发团社在选择接团社时，应认真考察以下几点：该旅行社是否按法定程序设立，有无旅游行政主管部门颁发的旅行社业务经营许可证，旅行社的注册资金有多少，证件是否齐全，质量保证金是否已缴纳，旅行社的性质、业务范围、许可期限、导游是否持证上岗等，以免因错选地接社而损害了游客利益，进而使发团社经济利益受损。

(2) 考察旅行社的经营管理模式

发团社应注意考察接团社的经营管理模式，管理模式先进的旅行社，经营管理目标明确,在管理上实行负责制,有良好的激励机制和人性化的经营理念,具有良好的公众形象、蓬勃发展的朝气及潜力。选择管理模式先进的接团社能保证整个行程的顺利进行,提高旅客满意度,从而提高发团社的品牌信誉度。

(3) 考察旅行社的规模大小

一般而言,规模较大的旅行社在资金、人才管理、旅游供给面、网络覆盖度、业务熟练度、工作效率等方面会比规模小的旅行社更优越一些,因此选择规模较大的旅行社可以更好地保障游客利益,更让人放心。但规模较小的旅行社也有其自身的优势,如经营方式灵活,对价格、线路、服务的谈判空间较大等。所以,发团社在选择接团社时不应只考虑规模大、实力强的旅行社,而应根据发团社自身的实际情况来选择最合适的旅行社。

(4) 考察接团记录

发团社可以通过查看接团社的接团记录来了解接团社的接团经验、对各路线的熟悉程度、服务质量、信誉度、奖惩情况、游客评价等,并从中挑选出接团经验丰富、熟悉接团路线、服务质量优、重合同讲信誉、游客评价高的旅行社作为接团社。

(5) 其他因素

在甄选接团社时,发团社还应该考虑接团社的报价、接团社的发展潜力和接团社对本旅行社及某项业务的依赖性等。接团社的报价因直接关系发团社的成本从而影响发团社的利润,因而在选择接团社时应多考察,多进行价格对比,选择性价比高的接团社。接团社的发展潜力包括它的经营文化、理念、管理结构、领导思路与发展规划等。对于一些有合作诚意、愿意长期合作的接团社,如果刚开始时因经验不足或其他客观因素导致未能很完美地完成接待任务,发团社也应该从长远利益出发,将其纳入合作伙伴的范畴。不同的旅行社因其经营项目单一或多元性的差别,对某一发团社的依赖性也会不同,进而会影响其服务的积极性,进而影响接团质量,发团社应慎重考虑。

3. 计价和报价

组团社计价是旅行社计调部根据市场需求或外联人员的需要制定的计价方式。这种计价方式必须及时且有竞争力才能帮助外联人员在与其他旅行社竞争时赢得更多的市场份额。

4. 行前预订

发团社计调人员应提前做好机/车/船票的预订及取票工作，填写好相关业务单据并派发给导游。负责机/车/船票采购的计调人员应具备各种交通工具的订购、退票、服务等的相关常识，这是保证旅行社顺利出团的首要前提。

5. 发团过程的监督控制

发团社对发团过程的监督控制主要包括两个途径：一是派全程陪同导游人员（简称"全陪"），二是发团社要有专门人员通过电话或网络全天24小时跟踪团队状态。全陪的职责包括陪同地接社实施旅游接待计划，监督地接安排和服务，维护游客和本社利益；保持与发团社的联络，及时将发团过程反馈给发团社，同时做好与旅客的沟通工作，协调好游客和地接社之间的利益平衡；如遇突发事件，组团社应灵活应变，协调各方关系，及时排除困难，维护游客的利益及人身安全，若遇到无法决定的事情，应及时向发团社请示，以求妥善解决之策，同时配合地接做好旅客的思想工作。

6. 导游账单审核和资料整理归档

在发团结束后，计调人员应督促导游及时报销团费并认真审核导游账单，同时将该团的接待计划、业务往来单据等资料整理归档，做到一团一清。

团队结束后，要将所有操作传真及单据复印件留档，作为操作完毕团队的资料归档，并对参团客人进行回访，在预计到达出发地一天内，计调人员应及时回访客户，态度要诚恳，讲话要讲究艺术，给对方一种既关心又负责任的感觉，以利后续团队的操作，建立好客户档案。在接到团队投诉时，计调应及时问清是哪个环节出现的问题，原因何在，能够处理的及时处理，处理不了时要马上报分管领导，讲清事情经过及出现问题的原因，不回避矛盾，实事求是，合情合理地处理好团队问题，特别重大的问题（如集体食物中毒事件）可直接汇报总经理。

任务准备

一、团队组建

本书大部分内容采取小组学习的方式进行，请在规定时间（15分钟）

内自行组建学习小组（每组人数视班级情况自定）。

学生分好组后，以小组为单位坐在一起，中间的场地要求空出来，便于组织活动。安排好地接社和发团社，定出组名，编好组歌，画出组徽，制定小组格言，并记录在表3-1中。

表3-1　　　　　　　　　　学习小组表

组名			
小组格言			
组徽		组歌	
地接社人员		发团社人员	
组员姓名	联系电话	组员姓名	联系电话

二、教师下发任务书

任务书

1. 任务目标

（1）学会共同合作、相互借鉴学习，倾听教师的评价。

（2）掌握在不同情景下提供计调服务的要点。

2. 任务要求

（1）在教师指导和辅助下，以小组为单位完成国内游地接计调和国内游组团计调的情景模拟。

（2）以小组为单位，收集旅行社国内游地接计调和国内游组团计调的案例。

3. 活动规则

（1）各组自行做好计划书，明确分工。

（2）活动过程必须全体组员参与。

(3) 要通过各种形式（照片、视频、漫画、小品演示等）将活动过程记录下来。

(4) 任务完成后，要向全班同学汇报，并展示任务的完成过程。

任务实施

一、制订实施方案

认真分析任务，并确定好任务实施方案。

_____

_____

二、确定人员分工

任务实施过程中要明确分工任务，组长要调动组员充分表达不同意见，形成职责清晰的任务分工表，见表3-2。

表3-2　　　　　　　　　　任务分工表

组员姓名	任务分工

三、过程监督

请各组成员在任务实施过程中做好过程记录，组长负责进行监督，全组共同完成进度监督表，见表3-3。

表3-3　　　　　　　　　进度监督表

工作阶段	时间	进度描述	检查情况记录	改善措施以及建议

四、各组成员记录任务实施过程中的困难及收获

困难：_____

_____

小组成员想到的解决方法：_____

_____

本次活动的收获：_____

_____

五、展示活动记录

每个小组在任务实施过程中，可以用各种形式把本组搜集到的案例记录下来，分别扮演旅行社的地接社计调人员、发团社计调人员，通过进行角色扮演，学习双方博弈对话技巧，并以各种形式展示出来。

六、班内汇报

汇报内容包括：本次任务完成情况、任务实施过程中遇到的困难和解决的方法、所搜集及观察到的内容等。小组互相评价，并对同学的汇报情况做好记录，见表3-4。

表3-4　　　　　　　　　班内汇报表

组别	汇报情况（包括任务完成情况介绍、过程处理及搜集效果等方面）

七、归纳总结

通过本次活动，请你归纳：要出色地完成国内游计调工作应特别注意的事项。

_____
_____
_____

评价反馈

以小组为单位，结合表3-5中标准，围绕自己在活动前后的思想、行为等变化，进行客观评价。

表3-5　　　　　　　　评价标准及客观评价表

规范及责任意识综合体现评价标准	
1. 遵守规则。 2. 能快速找到与组员的共同目标。 3. 能准确无误、无条件地接受并立即执行组内指令。 4. 能按事先确定的方案尽力完成任务。 5. 能建立良好和谐的人际关系，使工作尽快开展。 6. 能够化解任务中的障碍。 7. 能勇于承认错误，敢于承担责任。 8. 能以大局为重，调整自己的工作节奏。 9. 能在团队合作中表达自己的意见，也能虚心接受他人的建议和批评。 10. 为了实现共同目标，能牺牲自己的利益。	
活动前	活动后
思想描述	思想描述
行为描述	行为描述
感悟	

思考与练习

1. 概念解析

计调　地接计调　组团计调

2. 简答题

(1) 简述旅行社计调的含义。

(2) 计调在旅行社中的作用和地位。

(3) 计调人员的职责有哪些。

(4) 国内游地接计调的服务流程包括哪些。

(5) 国内游组团计调的服务流程包括哪些。

任务二　入境游计调

学习目标

完成本节学习任务后，你应当能：

1. 了解入境游计调的概念。

2. 掌握入境游计调的服务流程。

学习任务

1. 组建学习小组。

2. 搜集入境游计调方面的案例，并基于特定情景设计入境游计调方案，进行模拟展示。

任务引入

阅读下面的案例，回答后面的问题。

【案例】

入境部小段是专门负责西班牙语市场的，该市场在 A 旅行社一直不太景气。可是，凭借小段的热情、执着和良好的专业素养，西班牙一家大旅行社答应给她一个团让她接待，如果接待得好，今后可以发系列团给她。

该团的北京地陪因临时套团，在此团到京当天去机场送另外一个团，送彼团和接此团的时间比较接近，所以就直接到机场等候。小段和计调部的小周是很好的朋友，小段有些急事要马上处理，所以就口头对小周说：陪同临时套团，安排汽车直接到机场。小周不经意地回答说：没问题。然而，时值旺季，团队非常密集，接完一个紧急电话之后，小周就把这个临时更改忘得一干二净了。结果在团到的当天，地陪是左等不见车，右等不见车。司机也觉得奇怪，地陪怎么还没有出现，赶紧与计调部联系，碰巧那天小周又在外办事。好不容易联系上了，他也是丈二和尚摸不着头脑。接着又和小段联系……就这样，折腾了半天，结果还是让团队在机场干等了半个小时，这下，一切的努力全部泡汤，领队的脸色可想而知。

事后，小段埋怨小周，而小周却直喊冤枉，西班牙系列团自然是另择他社。

问题：
1. 案例中团队出现漏接的原因是什么？
2. 你认为旅行社计调业务应该怎样操作？

任务布置

1. 情景布置：现有一北京某旅行社和一个准备参加北京五日游的美国旅游团，请以计调员的身份拟写一份完整的计调方案，要求方案必须包含完整的计调流程。

2. 每4～5人组成一组，以小组为单位，围绕以上情景，分6个小组，每个小组分别安排人员扮演地接社和发团社，针对上述情景进行角色扮演。

3. 各小组以各种形式（照片、视频、漫画、小品演示等）记录下来，并做一些简单的解释。

知识链接

一、入境游计调的概念

入境游计调，又称入境地接计调，是指专营外国游客进入中国境内的接待安排。

根据入境出发地及语系特征可将入境游计调分为欧美加地区计调、德法西葡地区计调、非洲地区计调、东南亚地区计调、日韩地区计调、俄罗斯北欧地区计调、伊斯兰中东地区计调、港澳台地区计调、印巴南亚地区计调、拉美地区计调等。

组团旅行社，又称组团社，是指从事招徕、组织旅游者，并为入境旅游者提供全程导游服务的旅行社。

二、入境游计调人员的工作职责

（1）按组团社接待计划要求编制旅游团详细活动日程表。
（2）按计划要求落实旅游团的机/车/船票和饭店预订，按服务标准预订用餐、用车、游览、文娱活动，派遣全陪或地陪导游员。
（3）根据外联销售人员的要求，落实接待变更，负责变更通知，记录备案。
（4）接待业务报表的编制、上报和备案存档。

三、入境游计调相关业务流程

（一）报价

报价，即计调人员根据对方询价编排线路，以报价单提供相应价格信息（报价）。计调人员接到客户信息，对方有意向我社咨询报价时，要询问清楚团队人数、标准、大体时间及地点、单位名称、联系电话、线路等，在30分钟内报出价去，要求报价快速、准确。

通常，组团报价和地接报价可按下面的公式计算：

组团报价＝地接报价＋大交通价＋保险＋毛利

地接报价＝房价＋餐价＋车价＋门票＋导游＋保险＋毛利

1. 房价

房价一般根据等级不同，分为豪华等、标准等、经济等，房间设施可分为带独立卫生间、空调彩电（标准等以上）或公卫、公浴（经济等）。

2. 餐价

一般分为四个大等级。按照"元/人天"报价，可分为50元/人天、45元/人天、40元/人天、35元/人天，尤其注意三星级以上高星级酒店房价一般含早餐（中式早餐、西式早餐）。

3. 车价

可整车报价，也可按人报价，一般分为进口空调车和国产空调车。

4. 门票

按照景点门市价报价，应标明为景点第一门票价格。

5. 导游费

根据等级和人数不同，分别报价，收费标准一般为 10 元/人天、8 元/人天、6 元/人天、5 元/人天或 100 元/团、200 元/团等。

6. 大交通费用及订票费

大交通一般指火车、轮船、飞机，机票不收取订票费，各航空公司对团队都有优惠政策。

（二）计划登录

接到组团社书面预报计划，计调人员应将团号、人数、国籍、抵/离航班（车次）、时间等相关信息登录在当月团队动态表中。如遇对方口头预报，必须请求对方以书面方式补发计划，或在我方确认书上加盖对方业务专用章并由经手人签名回传作为确认件。

（三）编制团队动态表

编制接待计划，即将人数、陪同数、抵/离航班（车次）、时间、住宿酒店、餐厅、参观景点、地接旅行社、接团时间及地点、其他特殊要求等逐一登记在团队动态表中。

（四）计划发送

计调人员应向各有关单位发送计划书，并逐一落实。计划书的内容包括用房、用车、用餐、地接社、返程交通等的安排。

1. 用房

根据团队人数和要求，以传真方式向协议酒店或指定酒店发送订房计划书并要求对方书面确认。如遇人数变更，应及时做出更改件，以传真方式向协议酒店或指定酒店发送，并要求对方书面确认；如遇酒店无法接待，应及时通知组团社，经同意后调整至同级酒店。

2. 用车

根据人数和要求安排用车，以传真方式向协议车队发送订车计划书并要求对方书面确认。如遇变更，应及时做出更改件，以传真方式向协议车队发送，并要求对方书面确认。

3. 用餐

根据团队人数和要求，以传真方式向协议餐厅发送订餐计划书。如遇变更，应及时做出更改件，以传真方式向协议餐厅发送，并要求对方书面确认。

4. 地接社

以传真方式向协议地接社发送团队接待通知书并要求对方书面确认。如遇变更，应及时做出更改件，以传真方式向协议地接社发送，并要求对方书面确认。

5. 返程交通

仔细落实并核对计划，向票务人员下达订票通知单，注明团号、人数、航班（车次）、用票时间、票别、票量，并由经手人签字。如遇变更，应及时通知票务人员。

（五）计划确认

逐一落实完毕后，计调人员应编制接待确认书并加盖确认章，以传真方式发送至组团社并确认组团社收到。

（六）编制概算

在编制团队概算单时应注明现付费用和用途，送财务部经理审核，填写借款单、概算单，一并交部门经理审核签字，报总经理签字后，凭概算单、接待计划、借款单向财务部领取借款。

（七）下达计划

编制接待计划及附件，由计调人员签字并加盖团队计划专用章，然后通知导游人员领取计划及附件。附件包括：名单表、向协议单位提供的加盖作业章的公司结算单、导游人员填写的陪同报告书、游客填写的质量反馈单、需要现付的现金等，票款应当面点清并由导游人员签收。

（八）编制结算

填制公司团队结算单，经审核后加盖公司财务专用章。计调人员应于团队抵达前将结算单传真至组团社，并跟进催收。

(九) 报账

团队行程结束后通知导游员凭接待计划、陪同报告书、质量反馈单、原始票据等及时向部门计调人员报账。计调人员详细审核导游填写的陪同报告书，以此为据填制该团费用小结单及决算单，经部门经理审核签字后，交财务部并由财务部经理审核签字，报总经理签字后向财务部报账。

(十) 登账

计调部门应将涉及该团的协议单位的相关款项及时登录到团队费用往来明细表中，以便核对。

(十一) 归档

整理该团的原始资料，每月月底将该月团队资料登记存档，以备查询。

任务准备

一、团队组建

本书大部分内容采取小组学习的方式进行，请在规定时间（15分钟）内自行组建学习小组（每组人数视班级情况自定）。

学生分好组后，以小组为单位坐在一起，中间的场地要求空出来，便于组织活动。安排好地接社和组团社，定出组名，编好组歌，画出组徽，制定小组格言，并记录在表3-6中。

表3-6　　　　　　　　学习小组表

组名			
小组格言			
组徽		组歌	
地接社人员		组团社人员	

续　表

组员姓名	联系电话	组员姓名	联系电话

二、教师下发任务书

任　务　书

1. 任务目标

(1) 学会共同合作、相互借鉴学习，倾听教师的评价。

(2) 掌握入境游计调服务的流程要点。

2. 任务要求

(1) 在教师指导和辅助下，以小组为单位完成入境游计调的情景模拟，学会如何根据设计的情景进行双方博弈的对话。

(2) 以小组为单位，收集入境游计调的案例。

3. 活动规则

(1) 各组自行做好计划书，明确分工。

(2) 活动过程必须全体组员参与。

(3) 要通过各种形式（照片、视频、漫画、小品演示等）将活动过程记录下来。

(4) 任务完成后，要向全班同学汇报，并展示任务的完成过程。

任务实施

一、制订实施方案

认真分析任务，并确定好任务实施方案。

_____
_____
_____
_____
_____

二、确定人员分工

任务实施过程中要明确分工任务，组长要调动组员充分表达不同意见，形成职责清晰的任务分工表，见表3-7。

表3-7　　　　　　　　　　任务分工表

组员姓名	任务分工

三、过程监督

请各组成员在任务实施过程中做好过程记录，组长负责进行监督，全组共同完成进度监督表，见表3-8。

表3-8　　　　　　　　　　进度监督表

工作阶段	时间	进度描述	检查情况记录	改善措施以及建议

四、各组成员记录任务实施过程中的困难及收获

困难：_____
_____

小组成员想到的解决方法：_____
_____

本次活动的收获：_____
_____

五、展示活动记录

每个小组在任务实施过程中，可以用各种形式把本组搜集到的案例记录下来，分别扮演境内地接社计调人员、境外组团社计调人员，通过进行角色扮演，掌握入境游计调流程，并以各种形式展示出来。

六、班内汇报

汇报内容包括：对本次任务完成情况的介绍、任务实施过程中遇到的困难和解决的方法、对所搜集及观察到的内容的解说等。小组互相评价，并对同学的汇报情况做好记录，见表3-9。

表3-9　　　　　　　　　班内汇报表

组别	汇报情况（包括任务完成情况介绍、过程处理及搜集效果等方面）

七、归纳总结

通过本次活动，请你归纳：入境游计调的服务流程。

_____
_____
_____
_____

评价反馈

以小组为单位，结合表3-10中标准，围绕自己在活动前后的思想、行为等变化，进行客观评价。

表3-10　　　　　　　　评价标准及客观评价表

规范及责任意识综合体现评价标准
1. 遵守规则。 2. 能快速找到与组员的共同目标。 3. 能准确无误、无条件地接受并立即执行组内指令。 4. 能按事先确定的方案尽力完成任务。 5. 能建立良好和谐的人际关系，使工作尽快开展。 6. 能够化解任务中的障碍。 7. 能勇于承认错误，敢于承担责任。 8. 能以大局为重，调整自己的工作节奏。 9. 能在团队合作中表达自己的意见，也能虚心接受他人的建议和批评。 10. 为了实现共同目标，能牺牲自己的利益。

活动前		活动后	
思想描述		思想描述	
行为描述		行为描述	
感悟			

思考与练习

1. 概念解析

入境游计调　组团社

2. 简答题

（1）简述入境游计调的概念。

（2）简述入境游计调的服务流程。

模块四 销售部经营管理

任务一 团体销售业务

学习目标

完成本节学习任务后，你应当能：
1. 有艺术地接近客户，给客户留下美好的印象。
2. 综合运用各种销售方法，把旅行社的产品销售给目标客户。
3. 完成一次旅行社产品的销售。

学习任务

1. 组建学习小组。
2. 搜集导游人员销售方面的案例，并基于特定情景设计关于旅行社与旅游者之间的销售方案，进行模拟展示。

任务引入

阅读下面的案例，回答后面的问题。

【案例】

2010年，上海将抓住举办世博会的机遇，把各项旅游活动与世博园区内的活动形成互动效应，吸引世博会观众看世博、游上海。为延伸世博会的影响，上海已推出55条长三角世博旅游线路及44个世博体验之旅示范点。

据了解，上海2011年各项旅游活动将与世博园区内的活动形成呼应，吸引世博观众看世博、游上海。同时，上海加强了与长三角城市之间的合作，打造旅游精品，延伸世博影响。据旅游界测算，在2010年上海世博会的7000万参观者中，由旅行社组织的世博参观者占25%～30%。截至目前，上海已推出了55条长三角世博旅游线路，确定了44个世博体验之旅示范点，为世博旅游指定旅行社推出世博旅游线路提供指南和服务。

问题：
分析上述案例中旅游产品销售成功的原因是什么。

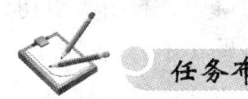

任务布置

1. 情景布置：让学生们扮演旅行社销售部人员、学生游客（团体游客），然后再翻转角色，完成旅游产品的销售过程。

2. 各小组以各种形式（照片、视频、漫画、小品演示等）记录下来，并做一些简单地解释。

知识链接

一、销售方式

旅游产品可以有很多创新的模式，例如"旅游＋培训"、"旅游＋修学"、"旅游＋爱情"、"旅游＋研讨"、"旅游＋探险"等。例如深圳国旅新景界旅游俱乐部开发的"旅游＋培训"线路就获得了市场的欢迎，取得了成功，其开发的另一产品"深圳情旅"由于把旅游和爱情这两个概念很好地组合在一起，同样获得了成功。

（一）网络营销

社会性网络概念的兴起让互联网迎来了Web2.0时代，基于互联网等信息技术的发展，服务行业也渐显"服务2.0"之势。在旅游服务行业中，"缺乏行业标准""服务品质差""价格欺诈""信息不透明"等1.0时代的病征似乎已随着信息技术的嫁接迎刃而解。

（二）特色营销

"吃别人嚼过的馍是没有味的"，营销过程如果没有创新，道路只能越走越窄，越来越难走。营销创新说起来很简单，就是打造差异化；但做起来却很难，最起码要具有创新性的思维，要比别人走得快一些，要比别人站得高一些，要比别人看得远一些，要比别人挖掘得深一些。于是，针对旅游的杂乱问题，部分旅行社适时推出了无忧游等，其目的就是使旅游产品规范化。

（三）折扣优惠

旅行社线路产品虽然和一般产品相比有很多特殊性，但与其他产品一样，降价就能提高销售量。降价促销的一大目的是通过降价、打折吸引初次购买者，使他们成为旅行社的重要客户，以期在日后购买不打折的旅行社线路产品。优惠赠券也是旅行社经常采用的一种促销方法。旅行社通过多种途径将赠券发送到旅游消费者手中，使他们可以凭这些赠券在购买旅行社线路产品时获得一定幅度的折扣优惠。

（四）免费的旅行社线路产品

这种销售推广形式是通过对旅行社线路产品的初期销售不进行打折让价，但是在符合一定条件后免费提供旅行社线路产品。对于这一促销方式，旅游消费者一般反应积极。例如，大多数旅行社的华东旅游线路产品销售就采用了这一方法，如果旅游者参加华东五个城市的游览线路，就可以免费再游览一个江南水乡古镇。

二、团队销售业务流程

（一）询价电话

A（组团社）：你好，请问华北五日游，双飞能做吗？
B（批发商）：可以！请问多少人？
A：20人，5月中旬，全程三星的。
B：20人全是成人吗？有其他的要求吗？
A：是的，按正常团队操作就行。
B：好的，您稍等，马上给您报过去。
接下来的工作是与地接社确认地接价格和核对交通报价。
报价合计：餐费＋住宿费＋门票费＋机票费（含税）＋当地用车费＋导游服务费＋利润。

（二）报价

1. 入境团报价

单位产品价格＝综合服务费＋门票费＋房费＋专项附加费＋城市间交通费

其中综合服务费包含餐费、市内交通费、旅行社目标利润、杂费。综合服务费实行16免1，即15人以上的全包价旅游团实行每16人减免1人的综合服务费。第1个减免受惠者一般都是领队。入境团的儿童实行优惠，不足2岁的实行全免；2～12岁（不含12岁）的实行半价（不占用床位）。

2. 国内团报价

单位产品价格＝综合服务费＋房费＋餐费＋城市交通费＋火车订票费

报价公式中的综合服务费包含了全部的景点门票（第一道门）、市内交通费、地方收取的特别费用、税、保险费、导游服务费、旅行社利润。对于国内团来说是否按照16免1的优惠标准没有统一的规定，各社按照自己的惯例，有的给，有的不给，有的是按照20免1的标准，如有优惠都会在注释中注明。

（三）业务操作

（1）此时应与地接确认，与航空公司确认。

（2）给组团社传团队确认单，并催款。

（3）出机票（出机票前要和组团社核对名单，确认是否出票）。

（4）送站：安排接机。

（5）行程跟踪：电话询问。

（四）后续服务

（1）团队结账。

（2）客户回访。

B：您好，××在吗？我是××旅行社的，我想问贵社××团队回来后客人反映还好吗？

A：哦，还可以。

B：那就好，再次感谢您对我社的支持，希望以后加强合作。

将客户资料整理到客户档案里。

任务准备

一、团队组建

本书大部分内容采取小组学习的方式进行,请在规定时间(15分钟)内自行组建学习小组(每组人数视班级情况自定)。

学生分好组后,以小组为单位坐在一起。划分销售区域,中间的场地要求空出来,便于组织活动。每组选出销售人员、旅游人员,定出组名,编好组歌,画出组徽,制定小组格言,并记录在表4-1中。

表4-1　　　　　　　　　学习小组表

组名			
小组格言			
组徽		组歌	
销售人员		旅游人员	
组员姓名	联系电话	组员姓名	联系电话

二、教师下发任务书

任 务 书

1. 任务目标
(1) 学会共同合作、相互借鉴学习,倾听教师的评价。
(2) 熟悉并能够完成旅游产品的销售过程。
2. 任务要求
(1) 在教师指导和辅助下,以小组为单位完成扮演旅行社销售人员、游客之间的销售对话，注意运用得当的销售技巧。

(2) 以小组为单位，收集旅行社与游客之间的销售案例。

3. 活动规则

(1) 各组自行做好计划书，明确分工。

(2) 活动过程必须全体组员参与。

(3) 要通过各种形式（照片、视频、漫画、小品演示等）将活动过程记录下来。

(4) 任务完成后，要向全班同学汇报，并展示任务的完成过程。

任务实施

一、制订实施方案

认真分析任务，并确定好任务实施方案。

_____

_____

_____

_____

二、确定人员分工

任务实施过程中要明确分工任务，组长要调动组员充分表达不同意见，形成职责清晰的任务分工表，见表 4-2。

表 4-2　　　　　　　　任务分工表

组员姓名	任务分工

三、过程监督

请各组成员在任务实施过程中做好过程记录,组长负责进行监督,全组共同完成进度监督表,见表4-3。

表4-3　　　　　　　　　进度监督表

工作阶段	时间	进度描述	检查情况记录	改善措施以及建议

四、各组成员记录任务实施过程中的困难及收获

困难:＿＿

小组成员想到的解决方法:＿＿

本次活动的收获:＿＿

五、展示活动记录

每个小组在任务实施过程中,可以用各种形式把本组搜集到的案例记录下来,并以各种形式展示出来。

六、班内汇报

汇报内容包括:对本次任务完成情况的介绍、任务实施过程中遇到的困难和解决的方法、对所搜集及观察到的内容的解说等。小组互相评价,并对同学的汇报情况做好记录,见表4-4。

表4-4　　　　　　　　　　班内汇报表

组别	汇报情况（包括任务完成情况介绍、过程处理及搜集效果等方面）

七、归纳总结

通过本次活动，请你归纳：旅行社为招聘到合适的导游所进行的对话及提问的技巧。

___

评价反馈

以小组为单位，结合表4-5中标准，围绕自己在活动前后的思想、行为等变化，进行客观评价。

表4-5　　　　　　　　评价标准及客观评价表

规范及责任意识综合体现评价标准
1. 遵守规则。 2. 能快速找到与组员的共同目标。 3. 能准确无误、无条件地接受并立即执行组内指令。 4. 能按事先确定的方案尽力完成任务。 5. 能建立良好和谐的人际关系，使工作尽快开展。 6. 能够化解任务中的障碍。 7. 能勇于承认错误，敢于承担责任。 8. 能以大局为重，调整自己的工作节奏。

续 表

9. 能在团队合作中表达自己的意见，也能虚心接受他人的建议和批评。
10. 为了实现共同目标，能牺牲自己的利益。

	活动前		活动后
思想描述		思想描述	
行为描述		行为描述	
感悟			

思考与练习

1. 单项选择题

团体销售的对象不包含（　　）。

A. 学校　　　　　　　　B. 同行业内

C. 企事业单位　　　　　D. 行业协会

2. 简答题

(1) 团体销售目标市场应怎样选择？选择时应遵循哪些原则？

(2) 团体销售的销售方式有哪些？试举例说明。

任务二　同业销售业务

学习目标

完成本节学习任务后，你应当能：

1. 有艺术地接近客户，给客户留下美好的印象。
2. 综合运用各种销售方法，把旅行社的产品销售给目标客户。
3. 完成一次面向同业的旅行社产品的销售。

学习任务

1. 组建学习小组。

2. 搜集导游人员销售方面的案例，并基于特定情景设计关于旅行社与旅游者之间的销售方案，进行模拟展示。

任务引入

阅读下面的案例，回答后面的问题。

【案例】

近年来，广东人出游已出现讲究享受的特点，于是广东旅行社春节期间纷纷推出豪华团、贵宾团。国旅假期的"泰超凡"泰国旅游线，安排吃"大皇宫膳房"皇帝餐；广东中旅则推出日本本洲五星豪华团；康辉游则有泰国皇牌美食团。这些豪华团队少不了五星级酒店住宿、飞机商务舱往返等安排。北京神州国旅的"世族豪华"澳新全景游，每人的团款是 5.35 万元人民币，为一般同样线路价格的 3 倍。这个价格包括往返国际段的飞机公务舱，全程五星级酒店住宿，悉尼歌剧院首排座位观看演出，皇帝蟹餐、龙虾大餐、鲍鱼大餐三个特色餐。

问题：

案例中，旅行社为出售这些产品，将如何促销？

任务布置

1. 情景布置：演绎一段接待社向组团社销售自己线路的场景，注意基本知识和基本技能的应用，销售方法和销售技巧的使用。

2. 各小组以各种形式（照片、视频、漫画、小品演示等）记录下来，并做一些简单地解释。

知识链接

一、旅游消费者特点

（1）省内游客和近距离区域游客比重大。

（2）由近及远，近距离流动较多，远距离流动相对较少（国内旅游较多，国际旅游较少）。

（3）多流向风景名胜地和政治经济文化中心。

（4）在具有某种特殊关系的两国或地区之间流动。如每年都有大量的港、澳、台同胞，海外华人和华侨到大陆探亲观光。

（5）以团体旅游为主，散客旅游为辅。

（6）游客选择旅游产品首先是以价格、质量为导向；其次是对产品差异化的要求，即对特色旅游比较感兴趣。

（7）旅游者消费水平不高，参加标准团与经济团的游客较多，豪华团游客较少。

二、旅游产品的主要特点

（1）旅游产品以常规路线为主，特种路线为辅。

（2）旅行社服务以团队服务为主，散客服务为辅。

由于现代旅游者的需求逐渐具有个性化，因此对散客的服务也不可忽视。

（3）旅游产品主要是观光旅游产品。目前旅游市场所提供的绝大多数产品是观光旅游产品，如四川峨眉山/乐山、自贡/蜀南竹海、康定/海螺沟。

三、对旅行社的营销策略

（一）产品策略

（1）以价格和质量为导向研发旅游产品，以中低价位商品为主，以高价位的差异化的商品为辅。

（2）选择性地开发同类型的旅游产品。以四川省为例：继续开发三大国际旅游品牌产品（广汉三星堆、大熊猫、九寨沟），四条已成型的精品旅游线路。这些旅游产品对旅游者的吸引力很大，在现在和将来都会占有很大的市场份额。

(3) 开发新的精品旅游线路，突出特色旅游产品。如以四川省为例：四川海螺沟冰川—跑马山—稻城亚丁自然生态、康巴藏族文化风情游；西昌邛海—航天城—螺髻山—泸沽湖航天科技、民族风情游；自贡—宜宾的恐龙文化、盐业文化、彩灯文化和竹文化、酒文化；峨眉山的佛教文化等旅游产品。

(4) 将资源优势与市场需求相结合，把优势资源开发成优势产品以适合旅游者需求的多样化。目前，旅行社经营的产品基本上是以传统的观光旅游产品为主，游客的参与性较差。旅行社可以根据旅游资源现状和市场分析开发出新的旅游产品，如探险旅游产品、度假旅游产品和专项旅游产品。

①探险旅游产品：根据适宜条件和可持续性，可以开发四种探险旅游产品推向市场：徒步登山游、骑马游、探险漂流和野营旅游。

②度假旅游产品：广东省的温泉、中药材、山地湖泊的清新环境、郁郁的森林植被为发展休闲特色旅游提供了条件，可在保健、健身、疗养和体育运动方面吸引国内外的客源。如温泉之旅、山区度假休闲之旅、农家乐之旅、森林健身绿色之旅等。

③专项旅游产品：四川盆地和青藏高原的过渡地带，有着丰富和多样的动植物物种；源远流长的巴蜀文化，铸就了四川深厚的地域色彩，这些都为开发专项旅游产品奠定了良好的基础。如珍稀动植物研究、大熊猫研究、四川佛教与道教的专题研究；四川汉族民俗和少数民族文化研究；四川的川菜和茶馆文化之旅等。

(二) 定价策略

1. 定价原则

(1) 以市场需求导向为主的定价原则：主要根据市场变化状况，价格与需求量之间的相互影响关系，产品的销售时机以及消费者能够接受价格的水平，消费者对商品价值的理解和认识程度作为定价的主要依据。

(2) 以竞争导向为主的定价原则。

2. 定价策略

(1) 新产品定价策略

目前，国内外关于新产品的定价策略，主要有3种，即取脂定价策略、渗透定价策略和满意定价策略。

A. 取脂定价策略

取脂定价策略,又称撇油定价策略,是指根据旅游产品寿命周期的投入期或成长期,利用消费者的求新、求奇心理,抓住激烈竞争尚未出现的有利时机,将价格定得很高,以便在短期内获取尽可能多的利润,尽快地收回投资的一种定价策略。其名称来自从鲜奶中撇取乳脂,含有提取精华之意。

B. 渗透定价策略

渗透定价策略,又称薄利多销策略,是指在旅游产品上市初期,利用旅游者求廉的消费心理,有意将价格定得很低,使新产品以物美价廉的形象,吸引顾客,占领并扩大旅游市场,以谋取远期的稳定利润。

C. 满意价格策略

满意价格策略,又称平价销售策略,是介于取脂定价和渗透定价之间的一种定价策略。由于取脂定价法定价过高,对消费者不利,既容易引起竞争,又可能遭到旅游者拒绝,具有一定风险;渗透定价法定价过低,对消费者有利,对公司最初收入不利,资金的回收期也较长。而满意价格策略采取适中价格,基本上能够做到供求双方都比较满意。

(2) 差别定价策略

差别定价一般包括产品形式差别定价、产品线路差别定价、销售时间差别定价。

(3) 心理营销定价策略

心理营销定价策略是针对旅游消费者的不同消费心理,制定相应的旅游产品价格,以满足不同类型消费者需求的策略。心理营销定价策略一般包括尾数定价、整数定价、习惯定价、声望定价、招徕定价等具体形式。

招徕定价又称特价产品定价,是一种有意将少数旅游产品降价以吸引游客的定价方式。旅游商品的价格低于旅游市场价时,一般都能引起消费者的注意。

采用招徕定价策略时,必须注意以下几点:

A. 降价的旅游产品应是旅游者常去的景点或者线路,最好是适合于大部分旅游者,否则没有吸引力。

B. 实行招徕定价的旅游线路,经营的类型要多,以便使游客有较多的选择机会。

C. 降价的旅游产品的数量要适当,数量太多会造成旅游公司亏损太大。

> 任务准备

一、团队组建

本书大部分内容采取小组学习的方式进行，请在规定时间（15分钟）内自行组建学习小组（每组人数视班级情况自定）。

学生分好组后，以小组为单位坐在一起。划分区域，中间的场地要求空出来，便于组织活动。每组选相关人员，定出组名，编好组歌，画出组徽，制定小组格言，并记录在表4-6中。

表4-6　　　　　　　　　　学习小组表

组名			
小组格言			
组徽		组歌	
销售人员		旅游人员	
组员姓名	联系电话	组员姓名	联系电话

二、教师下发任务书

任 务 书

1. 任务目标
（1）学会共同合作、相互借鉴学习，倾听教师的评价。
（2）熟悉并能够完成旅游产品的销售过程。

2. 任务要求
（1）在教师指导和辅助下，以小组为单位演绎一段接待社向组团社销售自己路线的场景。

(2) 以小组为单位，收集旅行社与游客之间的销售案例。

3. 活动规则

(1) 各组自行做好计划书，明确分工。

(2) 活动过程必须全体组员参与。

(3) 要通过各种形式（照片、视频、漫画、小品演示等）将活动过程记录下来。

(4) 任务完成后，要向全班同学汇报，并展示任务的完成过程。

任务实施

一、制订实施方案

认真分析任务，并确定好任务实施方案。

_____
_____
_____

二、确定人员分工

任务实施过程中要明确分工任务，组长要调动组员充分表达不同意见，形成职责清晰的任务分工表，见表4-7。

表4-7　　　　　　　　　　任务分工表

组员姓名	任务分工

三、过程监督

请各组成员在任务实施过程中做好过程记录，组长负责进行监督，全组共同完成进度监督表,见表 4-8。

表 4-8 进度监督表

工作阶段	时间	进度描述	检查情况记录	改善措施以及建议

四、各组成员记录任务实施过程中的困难及收获

困难:_____

_____

小组成员想到的解决方法:_____

_____

本次活动的收获:_____

_____

五、展示活动记录

每个小组在任务实施过程中,可以用各种形式把本组搜集到的案例记录下来,并以各种形式展示出来。

六、班内汇报

汇报内容包括:对本次任务完成情况的介绍、任务实施过程中遇到的困难和解决的方法、对所搜集及观察到的内容的解说等。小组互相评价,并对同学的汇报情况做好记录,见表 4-9。

表 4-9 班内汇报表

组别	汇报情况(包括任务完成情况介绍、过程处理及搜集效果等方面)

七、归纳总结

通过本次活动,请你归纳:旅行社客服人员在向游客销售过程中的常用对话模式。

_____
_____
_____
_____

评价反馈

以小组为单位,结合表4-10中标准,围绕自己在活动前后的思想、行为等变化,进行客观评价。

表4-10　　　　　　评价标准及客观评价表

规范及责任意识综合体现评价标准
1. 遵守规则。 2. 能快速找到与组员的共同目标。 3. 能准确无误、无条件地接受并立即执行组内指令。 4. 能按事先确定的方案尽力完成任务。 5. 能建立良好和谐的人际关系,使工作尽快开展。 6. 能够化解任务中的障碍。 7. 能勇于承认错误,敢于承担责任。 8. 能以大局为重,调整自己的工作节奏。 9. 能在团队合作中表达自己的意见,也能虚心接受他人的建议和批评。 10. 为了实现共同目标,能牺牲自己的利益。

	活动前		活动后	
思想描述		思想描述		
行为描述		行为描述		
感悟				

思考与练习

案例分析

资源有两种,一种是显性的,一种是隐性的,前者易见,后者则需要用创新思维去审视和开发。

农家绣娘的一幅丝绣卖到2000元,"八大奇观"透着神秘,"高厦与野渡成趣","死海"变金海……

这是发生在四川遂宁市的一个旅游奇迹。

"八大奇观"中的"观音绣"便是新观念催生的旅游商品。在遂宁,广德和灵泉两个古寺是传说中的观音朝觐圣地,而周围乡村的农妇会绣花——二者整合起来,扶持绣娘开绣坊,便有了"观音绣"。

安居区将"观音绣"与乡村旅游相结合,使之成为新农村建设中的一大支柱产业,已发展绣坊10个,培训绣娘200多人,一幅绣品可卖到200~2000多元,产品很受海内外游客欢迎。

通过资源整合,强化创意,遂宁"八大奇观"亮点纷呈,2006年全市旅游产业实现产值25亿元,比2005年增长了150%。

问题:

1. 遂宁市的天然资源并不丰富,却创造了"八大奇观"的旅游奇迹,原因是什么?

2. "观音绣"延伸产品的蓬勃发展揭示了现代旅游消费者什么样的心态?

3. "八大奇观"产品的成功为旅行社新产品的开发设计带来怎样的启示?

模块五　接待部经营管理

任务一　导游管理

学习目标

完成本节学习任务后，你应当能：
1. 了解旅行社人事管理的含义和要素。
2. 掌握旅行社员工招聘、使用与考核。
3. 掌握导游人员的选择，并了解导游人员的管理相关知识。

学习任务

1. 组建学习小组。
2. 搜集导游人员管理方面的案例，并基于特定情景设计关于旅行社与导游之间的招聘方案，进行模拟展示。

任务引入

阅读下面的案例，回答后面的问题。

【案例一】

某知名饭店集团非常重视员工的培训，并成立了员工培训中心，新招来的员工一到饭店就被送到培训中心接受长达一年的业务培训，全部费用由饭店承担。截至2004年，该培训中心已先后培训了5届员工。然而，由饭店花大本钱培训的员工，特别是核心员工在近两年先后跳槽。在参加第一届培训的40人只剩10人留在饭店时，这一现象并没有引起饭店管理者的关注，他们认为这是偶然现象，以至于第二届、第三届也只剩下7人，在问及离职原因时，离职员工大都认为：自身价值得不到体现，缺乏晋升机会，绩效与薪酬不挂钩，工资和福利待遇差，这些都致使员工在工作中常常心不在焉，工作绩效下降，服务态度差等。面对大量人才流失，饭店现在已无心培训员工，害怕培训后的员工翅膀硬了，饭店留不住，白白为他人做嫁衣，于是取消了员工培训中心，员工服务水平与技能每况愈下，饭店口碑大不如前，致使人才流失更为严重，饭店经营陷入危机。

【案例二】

A旅行社员工李明，1999年大学毕业后就在一家知名的旅行社做总经理助理，其间，有不少公司想挖他，而且薪水开得很高，但是，都遭到了他的拒绝。这么好的机会，他为什么放弃呢？原来，早在2000年，李明曾向旅行社主动提出辞职，当他临走时，总经理对他说："你是名优秀的员工，只要你想回来，我们永远欢迎你，以后若有什么困难，尽管来找我。"这些话，使李明倍感温暖，铭记于心。第二年，他又回到了A旅行社，并且比以前更加努力地投入工作。他常常对同事说，他喜欢这里的工作环境。总经理待人和气，对于下属的工作从不多加指责，如果有不同的意见和建议，总经理总是非常委婉地提出来，然后一同商量解决，给员工的承诺也能一一兑现；公司的同事非常热情，如果在工作中遇到困难，他们都尽心尽力地提供帮助。在这种良好的环境下工作，谁又愿意离开呢？

问题：

分析产生人才流动的原因。

任务布置

1. 情景布置：一家新成立的涉外旅行社在广纳贤士，不少应聘导游的人员进入到了最后的面试环节，怎样了解应聘的导游是否是旅行社想要招的员工呢？制订适合的招聘方案。

2. 每6～8人组成一组，以小组为单位，围绕以上情景，分小组，每组分配2人作为旅行社的招聘人员，提前设置好问题，剩余者为应聘导游的应聘者，进行角色扮演招聘应聘过程。

3. 各小组以各种形式（照片、视频、漫画、小品演示等）记录下来，并做一些简单的解释。

知识链接

一、旅行社人事管理的含义

人事管理是一个计划经济色彩比较浓重的词,传统体制下人事部门只从事员工户籍管理、工资级别划定等工作,在市场经济条件下变得不再那么重要。在现代管理中,越来越多的把人看作是与资本一样可以为企业创造财富的、不可或缺的因素,原有人事管理的管理目标、难度、重心均发生变化,计划经济体制下对人的禁锢被打破。企业更多地强调所聘用人员的能力,而不是其他因素。企业与员工都有了更多的选择机会,双方可以根据情况变化选择是否延续合同,人员终身制现象大为减少。

旅行社的人事管理在通常的人员录用、使用、调配、培训等方面,又有其特殊的含义。

(一)旅行社工作人员文化程度较高

旅行社的工作人员一般要求大专以上文化程度。他们均有独立的思考、工作与应变能力。不断提高他们的文化素质,充分发挥每个工作人员的才能,是旅行社管理的首要任务。

(二)旅行社工作的流动性大

旅行社的工作人员,尤其是导游,往往独立带团,走南闯北,他们都是在各条线路上独立开张工作的,怎样了解他们,怎样评鉴他们,又怎样发现他们的才能,并充分发挥他们的才干,旅行社的人事管理部门就要有一套有别于其他单位的管理方法。

旅行社的流动性,还包括工作人员经常性的"流进"与"流出",因为事事都要与外界打交道,各种环境及待遇所存在的差异使旅行社工作人员犹如一潭活水。于是,安排好"流进"与"流出"的人员,也成了旅行社人事管理的重要内容。

(三)旅行社人员独立工作机会多

旅行社的工作人员经常独当一面,又远离组织,独立性非常强,与金钱及社会上各种人打交道比较多,要使他们在独立工作时自觉抵制各种反面诱惑,就必须在管理和学习方面多做工作。要制定一整套行之有效的规章制度，进一步从检查、督促上下工夫；同时经常组织他们学习政策、法规、时事、技术、业务，学习先进人物的先进事迹，使他们在思想上有所提高、有所警惕与防范。个别导游和常驻人员在外独立操作时，思想上放松警惕，又不听从领导的规劝，抵挡不住金钱的诱惑，有时出现违纪、违法的行为。人事部门发现此类问题后，要及时了解情况，坚决阻止，并根据事态后果大小，给予不同程度的处理。如何使旅行社的导游、市场营销人员经常在组织关怀下工作、学习，摆脱独立工作中的一些不利因素，抵制腐朽、没落思想的侵蚀，是旅行社人事管理不可忽视的工作。

二、旅行社人事管理要素

（一）人事管理外在要素：量的管理

社会化大生产要求人力与物力的比例合理配置，在生产过程中人力和物力在价值量上的比例是客观存在的。对人事管理进行量的管理，就是根据人力和物力及其变化，对人力进行的培训、组织和协调，使两者保持最佳比例和有机结合，使人和物都能发挥出最佳效应。

（二）人事管理内在要素：质的管理

就人的个体而言，主观能动性是劳动的基础，而人的思想行为都是人的主观能动性的表现；就人的群体而言，每一个个体的主观能动性并不一定都能形成群体功能的最佳效应，只有在思想观念上一致，在感情上融洽，在行动上协作，才能使群体的功能等于或大于每一个个体功能的综合。对人力资源进行质的管理，就是运用科学方法，对人的心理和行为进行有效的管理，调动人的积极性，最大限度地发掘人的潜能，做到人尽其才，从而实现旅行社的企业目标。

三、员工招聘与选拔的程序

通常情况下，旅行社的招聘工作就是要对组织中的空缺加以补充，或是在旅行社要扩大规模时壮大员工队伍。近年来，员工在旅行社企业办理入职与辞退现象越来越频繁，企业之间的流动率普遍提高，因而员工的招聘与选拔就变得越来越经常化了。

（一）筹划与准备阶段

该阶段的主要工作是：为员工招聘与选拔做前期的计划，对招聘要求、标准和操作程序要做到心中有数。

(二) 宣传与报名阶段

该阶段的主要任务是：利用各种渠道传播招聘录用信息，如通过广告、旅游院校与旅游企业的供需见面会及人才交流中心等，广泛动员符合条件并且愿意从事旅游行业的人员参加录用考试。

(三) 选拔阶段

在员工选拔阶段，最重要的就是看应聘者是否符合职务要求。旅行社可以通过填写申请表、面试、知识或技能测试、核实材料、体格检查等环节来确认应聘者的任职资格。在选拔环节应坚持以下原则：第一，有些素质极高的应聘者，如果不能符合岗位要求，也要勇于割舍；第二，注意旅行社各部门的整体年龄、性别比例；第三，对特殊岗位一定要突出强调应聘者是否能够经常出差等具体条件。此外，由于旅行社的员工经常要与各方面人士打交道，应聘人员必须具备比较开朗健康的心态，同时具有较强的人际交往能力。对于这一点，在选拔员工时需要特别注意。总之，对大规模及重要职位的招聘，一定要慎重。在力争节约费用的同时，要尽量避免片面获取信息。

(1) 初步面试。在面谈中，管理者通过统一问卷提出问题，要求求职者回答，借以了解基本情况（姓名、年龄、身体素质、文化水平、兴趣爱好、性格特点等）。

(2) 填写申请表格。

(3) 进行心理测试。内容包括对应聘人员的个性测试和能力测试。旅行社可根据应聘对象应聘工种的不同，采取自由问答的形式对应聘者的个性逐一测试。一般来说，旅行社的接待与销售工作要求从业人员性格活泼、外向健谈，而旅行社的内勤人员，如计调与办公室工作人员又需沉稳心细，一丝不苟。

(4) 最后面试。面试的方法可以是自由地谈话，借此管理者可进一步了解求职者的需要层次，知识结构，思维能力，性格特征。

(四) 检验效果阶段

1. 岗前培训

对经过各种考试合格成为公司的试用员工，应进行上岗之前的多种形式的上岗培训，使他们充分了解公司和工作岗位情况。

2. 上岗试用

这一阶段的特点是：旅行社与员工进行双向选择，彼此不受契约的影响。这一阶段，公司通过工作实践考察试用员工对工作的适应性；同时，也是为试用员工提供一个了解公司、工作岗位的特点和工作环境的机会。试用期一般为3~6个月。

四、人才的合理使用

（一）旅行社人才需求类型

一般旅行社需要有以下特点的人才：
(1) 懂得市场调查与消费者行为分析的旅游调研人才。
(2) 具有创新意识和产品开发能力的旅游策划人才。
(3) 懂得品牌策划与品牌维护的旅游市场推广人才。

（二）积极培养人才，合理使用

旅行社从业人员的基本特点是独立性强，在独立工作的过程中，他们需要充分利用自身的智慧、才能和经验来展开工作。这种独立性要求旅行社从业人员具有某一方面合格的业务能力和较强的独立工作能力，而这些能力是靠培养造就的。

1. 做变革性领导

假设有五个盖房子的石匠被问道："你们在干什么？"五个石匠的回答是：

- 第一个石匠说："我在想如何报复冷酷的监工。"
- 第二个石匠说："不知道，头儿让做什么，就做什么。"
- 第三个石匠说："盖房子。"
- 第四个石匠说："我正在赚钱谋生。"
- 第五个石匠说："我正在建造世界上最宏伟的教堂。"

你的企业是否也存在这五种人呢？以上五种人反映的是五种不同的领导方式：

- 我会报复——缘于蛮横粗暴的领导方式。
- 我根本不关心——缘于官僚主义的领导方式。
- 我只在这里工作而已——缘于胸无目标的领导方式。

- 我是为了赚钱——缘于交易性的领导方式。
- 我醉心于工作——缘于变革型的领导方式。

交易型领导和变革型领导是伯恩斯对政治领导类型的划分,前者强调交易,后者强调改变。伯纳德、巴斯提出了变革型领导的 4 个 I,如表 5-1 所示。

表 5-1　　　　　　　　　　变革型领导的 4 个 I

变革型领导的 4 个 I	具体内容
理想的影响（Ideal Influence）	领导者具有令下属心悦诚服的特质或行为,因而成为下属膜拜的对象,下属心甘情愿按照他的指令完成任务,下属对领导怀有强烈的认同感,领导与追随者之间存在深厚的情感关系
动机鼓励（Inspirational Motivation）	变革型领导善于激发员工的工作动机。通过为下属提供有意义和富于挑战性的工作,明确告诉下属他的工作期望,展示他对企业总体目标的承诺,他们对一起工作的基本态度是:"我们相信你并对你的专业能力和敬业精神充满信心,我们将共同分享我们的理想、目标和业绩,在你对我们共同的成功做出有意义的贡献时,你将获得愉悦和自我实现的满足
才智的启发（Intellectual Stimulation）	不断用新观念、新手段和新方法对下属进行挑战。变革型领导,认为员工能力的发挥是组织发展的关键,所以,他们鼓励下属采用全新的思想和变革型的思想解决问题,通过问题假设和挑战自我使员工的创造力获得积累
个性化的关怀（Individualized Consideration）	给下属以个性化的关心,区别对待每一位员工,提供培训与指导,赋予他们责任感,使他们觉得深受重视而更加努力。变革型领导更重视下属的成就和成长的需要,针对员工的能力和个性等差异,充当教练的角色,促进员工的思想与行为的改变。新时代的旅行社领导应力争成为变革型的领导

2. 发挥人的潜能

旅行社用人存在这样的习惯思维：与其手把手地扶持新手，不如招聘熟练工。其实，从企业长远发展来看，这种人才结构存在着严重的偏差；熟练工多因遵循固有的思维方式，缺乏创新力，企业发展可能因此停滞不前。

（1）正确认识人才的成长周期。人并非一生下来就能从事某种行业，对于新入选的从业人员来说，他们虽具备了从业人员的素质，但并不等于具备了行业素质。管理人员应正确认识人才的成长周期，人才同产品一样也是有生命周期的，一个人在公司内的生命周期，可分成以下四个阶段：

第一是引入阶段。在人才引入的最初两三年，他们或许没有充分施展出才华，没有建立起协作与客户网络，但他们已熟悉了工作职能和工作程序，这一阶段应注意使人才适任适用。

第二是成长阶段。人才由新变旧，是施展才华的黄金时段。在这一阶段，除应给予工作上的肯定之外，还应适度地给予相关的技术训练，加深专业化。

第三是饱和阶段。这一阶段人才的工作经验已足够，但面临成长突破的瓶颈，公司应给予适度训练，调职或晋升，这将有助于人才生命周期的良性循环。

第四是衰弱阶段。人才长期在该公司谋职，日复一日单调地重复自己的工作，已没有升职的机会，公司应该适宜地以福利等方法来疏导人才面临的衰弱期问题。

（2）释放人的潜能。对原有的职工，应注意将他们的创造力释放出来。

旅行社要想取得成功，必须反应迅速、灵活且不断改进。但这些企业组织的领导却渐渐发现，让员工致力于持续变革绝非易事，守旧是人的本性。人们经常固守着今天的思维方式，即使这种思维不能把他们带向他们想要到达的明天。

《富有成效的工作》一书的作者马文谈到人要超越过去这一问题时写道："每逢遇到新情况，如果可以求问占卜的水晶球，我不会问：'出了什么问题？该怎么解决？'我要问的是：'可能会怎样？谁负责？'人的能量如同光能。普通灯泡所发出的光，只能用做一般照明，但是同样的一般能量如果像激光束那样对准一个方向，就可以穿越任何障碍。"

这种聚光原理同样适用于旅行社组织的活动。旅行社愿意投入多少力量,旅行社组织能否引导员工朝着一个重要的单一目标共同努力,都直接关系到企业组织的成败。

3. 任人唯贤 量人录用

用人要出于"公心",以事业为重,任人唯贤、量才录用。对所任用之人要了如指掌,使用得当,使每个人都能充分施展才能。只有合理使用人才,才能使从业人员的劳动技能尽可能地得到利用和充分发挥。充分发挥有效技能所包含的内容有:

(1) 从业人员要具备和旅行社相关业务相适应的劳动技能。
(2) 提高劳动技能的适用性。
(3) 充分发挥从业人员所具有的劳动技能。
(4) 提高劳动技能的有效率。

人事管理的对象是所属部门的员工,其中最主要的是导游和业务销售员。如何正确评价、使用每一个员工,是人事管理工作的核心。

人是创造物质财富和精神财富的基本力量,由于种种客观条件的限制,人的潜能不会完全充分地发挥出来。人事管理人员就要客观而全面地评价员工,量才录用,让每一个员工在合适的岗位上尽责尽力,并挖掘出最大的潜能。一个单位,倘若人事管理机制适当,那么,员工的积极性得以发挥,这个企业就会呈现出崭新的面貌。

用人之道是多方面的,但重要的一条是要以发展的眼光来观察一个人,要能容纳一个曾经犯过错误,但已认识并改正错误的人。犯过错误的人,一旦认识并改正错误后,更能引以为戒,吸取教训,变坏事为好事。如果仅仅因为以前的错误而拒绝录用,可能会造成丧失录用人才的机会。

当然,在旅行社的人事管理中,合理的规章制度也是用人的必要一环,它既保证了员工有"法"可依,有章可循,同时又创造出一个积极向上的氛围,使员工安心工作。

(三) 合理的人才流动

1. 人才流动的益处

人才流动是指各旅行社之间、旅行社同其他行业之间人才的自由进出,使人才能选择其合适的职位并发挥其特长,逐步形成合理的人才智力结构。合理的、正常的人才流动对旅行社来说是十分必要的。

(1) 人才流动有利于调动从业人员的积极性,发挥人的创造性。在新的环境中,从业人员的个人期望目标往往与组织目标一致,个人的行为容易受到组织的认同和肯定。

（2）有利于企业获得信息。美国学者卡兹曾对科研组织的寿命进行过研究，在一起工作的科研人员，在1～5年这段工作期里，信息沟通水平最高，获得的成果最多，超过5年，同事已成了老相识，相互间失去新鲜感，可供交流的信息减少。

（3）有利于提高从业人员的素质。优胜劣汰，适者生存。在竞争日益激烈的当今社会，要在旅游企业中求生存，就必须不断地进行知识更新，提高自己的业务水平。

2. 旅行社人才流动的不利因素

人才流失，尤其是业务人员和管理人才流失，都会给旅行社带来重大损失。这些损失包括：

（1）迫使公司因人才流动而重置成本。为补充人才流动造成的空缺，公司要再次支出大量招聘、培训、熟悉工作的费用，同时承担由于人才流失公司运行紊乱而产生的各种损失。

（2）无形资产严重流失。旅行社高层经理人员辞职造成商誉损失，销售人员的离开会带走客源市场，优秀导游人员的出走将会削弱旅行社的接待力量，从而造成产品质量的下降。

（3）给员工造成心理上的冲击。公司中优秀人才的流失，自然会在公司员工中引起强烈的心理冲击，导致员工对领导的能力产生怀疑，从而削弱公司的凝聚力，甚至会引起多米诺骨牌效应，一个人出走会带动一批人出走，给公司带来无法估量的危险和损失。鉴于上述原因，旅行社领导应制定出留住人才和吸引人才的对策。

五、导游人员的类型

导游人员是指为旅行者组织、安排旅行和游览事项，提供向导、讲解和旅途服务的人员，即旅行社承担团体旅游接待工作的主要人员，通常称为导游员。按照其服务范围、职业性质和服务对象，导游员分成不同的类型。

（一）按照服务范围划分的导游员类型

服务范围是指导游员的工作区域，如旅游团从客源地出发到返回客源地的整个旅行过程，旅行团在旅游目的地的全部旅游过程，旅游团在旅游目的地的某个城市或地区旅游期间，旅游团在某个旅游景点游览参观期间等。根据服务范围，导游员可以划分为领队、全程导游员、地方导游员和定点导游员四个类型，如图5-1所示。

```
按照服务范围划分的导游员类型
├─ 领队
├─ 全程导游员
├─ 地方导游员
└─ 定点导游员
```

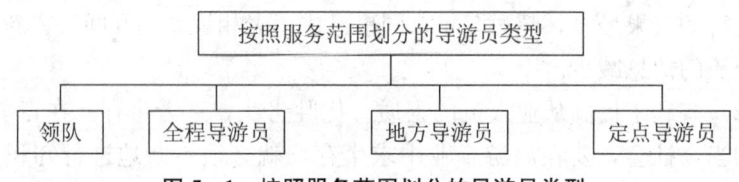

图5-1　按照服务范围划分的导游员类型

1. 领队

领队是由旅游客源地组团旅行社派出，为出境旅游团在其整个旅游过程中提供陪同服务的导游人员。领队作为旅游团的组织者，在旅游客源地的指定地点等候参加出境旅游团的各位旅游者，并按照组团旅行社事先提供的旅游计划和旅游团成员名单将这些旅游者组织成旅游团，并带领他们前往旅游目的地。到达旅游目的地后，领队充当旅游团的代言人，负责监督和配合当地组团旅行社或接待旅行社派出的导游员落实旅游合同，安排并组织旅行和游览活动，维护旅游团内的团结和旅游者及客源地组团旅行社的合法权益。同时，承担旅游团同当地导游员之间的联络工作，保证旅游活动的顺利进行。当旅游团结束在旅游目的地的旅行和游览活动后，领队应负责将整个旅游团平安带回原出发地，使旅游团的整个旅游活动圆满结束。

2. 全程导游员

全程导游员又称全程陪同（简称全陪），分为入境旅游团全程陪同和国内陪同旅游团全程陪同两种类型。

入境旅游团全程陪同是由旅游目的地组团社派出，负责旅游团在旅游目的地旅行和游览期间向旅游团提供全程导游服务的人员。全程导游员是旅游目的地组团旅行社的代表，是旅游团在旅游目的地期间旅游活动的主要负责人。全程导游员负责按照旅游合同监督和协助各地接待旅行社的地方导游员全面落实各项旅游活动的安排，执行旅游接待计划，协调地方导游员、领队和旅游团之间的关系，保证旅游团在旅游目的地的旅游活动顺利进行。入境旅游团的全程导游员一般在旅行团的入境口岸迎接旅游团，负责照顾旅游团在旅游目的地期间的生活和日常游览，并负责旅游团在旅游目的地旅行结束后，将旅游团送出境外。

国内旅游团的全程导游员通常在旅游客源地的指定地点迎接参加旅游团的旅游者，将他们组织成旅游团，陪同旅游团前往旅游合同中规定的各个旅游城市或地区进行旅行和游览参观，沿途照料他们的生活，监督各地接待旅行社派出的地方导游员全面执行旅游计划，并在旅游活动结束后带领他们返回原出发地。

无论是入境旅游团的全程导游员还是国内旅游团的全程导游员，在旅游过程中都可能担任某个旅游城市或某个旅游景点的导游讲解工作。近年来，一些经营国内旅游业务的旅行社还取消在某些旅游城市或景点委托当地旅行社提供接待服务的做法，改由该旅行社派出的全程导游员兼任地方导游员或定点导游员，以降低经营成本。

3. 地方导游员

地方导游员也叫地方陪同，简称地陪，是由旅游线路所经停的各地旅行社派出，负责为旅游团在当地游览时提供导游服务的人员。地方导游员是旅游团在当地进行旅游活动的组织者和领导者，负责根据旅游接待计划制定旅游团在当地的具体旅游活动日程，安排和落实旅游团在当地的住宿、餐饮、游览参观、观看文娱节目、购买商品和翻译等服务。

4. 定点导游员

定点导游员又称讲解员，是指在博物馆、展览馆或其他重要旅游景点为旅游团提供导游讲解的人员。定点导游员的工作比较单一，只向前来参观游览的旅游团或旅游者介绍该景点的情况，并回答旅游者提出的有关该景点的问题。

（二）按照职业性质划分的导游员类型

在旅行社行业里，凡是为旅游者提供导游讲解和生活服务的人员都可以称为导游员。然而，在实际工作中，有些导游员以向旅游者提供导游服务作为职业，也有些导游员平时从事其他工作，只是在某些时候才担任导游工作。另外，有些导游员专门服务于某一个旅行社，成为该旅行社的固定雇员，而另一些导游员虽然也是以提供导游服务作为职业，却并不是某个旅行社的固定雇员。根据这些特点，导游员可以按照其职业性质划分为专职导游员、兼职导游员和自由职业导游员三个类型。

1. 专职导游员

专职导游员是指长期受雇于某一家旅行社，并承担该旅行社委派的领队、全程陪同或地方陪同等任务的旅行社接待人员。专职导游员属于该旅行社的固定职工，目前，我国多数旅行社的旅游接待人员都是专职导游员。

2. 兼职导游员

有些导游员虽然有时从事导游工作，但是他们并不以导游工作作为其主要收入来源，即不以导游作为他们的主要职业，这些导游员就是兼职导游员，又称业余导游员。兼职导游员往往只在某一个时候会暂时脱离其工作岗位，为旅游者提供导游服务。例如，大学里的教师和学生经常利用假期带旅游团到外地或境外旅游，或在当地接待到访的旅游者或旅游团队，开学后，他们就返回学校继续教学或上课。这些人就是典型的兼职导游员。

3. 自由职业导游员

自由职业导游员是指那些以导游为主要职业，但是却不专门受雇于某一家旅行社的导游员，他们已经通过有关组织机构的导游员资格考试并获得了导游资格证书。有些人还是资深导游员。自由职业导游员往往同时与多家旅行社签订合同，按照合同上规定的条件为这些旅行社服务。当某一家旅行社需要请人为其接待旅行者或旅游团队时，它就会同自由职业导游员联系，后者在接到通知后，如果当时没有接待其他的旅游者或旅游团，就会前往该旅行社承接这项接待任务，接待任务完成后，自由职业导游员还可以接受其他旅行社的旅游接待任务，旅行社只在导游员接待旅游者期间向其提供工资，其余时间则由自由职业导游员自谋收入。

西方国家的导游员队伍主要由自由职业导游员构成，我国现在也出现了一些自由职业导游员，而且其人数也在不断地增多。

（三）按照服务对象划分的导游员类型

旅行社导游员还可以按照其所服务的对象划分为国际导游员和国内导游员两种类型。

1. 国际导游员

国际导游员是指以入境旅游团（旅游者）或出境旅游团（旅游者）为服务对象的导游员。国际导游员必须能够讲一门以上的外语或广东话、闽南话等为我华人所使用的我国地方方言。国际导游员应该熟悉其服务对象的风俗习惯、文化传统、思维方式、价值观念、生活习惯等，以便做好接待工作。

2. 国内导游员

国内导游员是指以国内旅游团（旅游者）为服务对象的导游员。国内导游员通常以汉语普通话为导游语言，但是在接待少数民族旅游团（旅游者）或来自方言区的旅游团（如广东、福建等地）时，导游员最好能够使用该少数民族的通用语言或该方言区的地方方言，以便提高导游讲解效果，满足那些在听或讲汉语普通话方面有困难的旅游者的需要。

六、导游人员的选择

旅游团的接待成功与否在很大程度上取决于导游人员的工作情况，旅游团队对旅游接待工作是否满意，关键在于导游人员的工作态度、整体素质和业务水平是否能够满足旅游团的需要。在实际接待工作中，常会发生这样的事：尽管旅游者对于旅游过程中的某个旅游服务设施不甚满意，但是由于导游人员在旅游途中提供了优质服务，使旅游者对于整个旅游过程感到满意，并可能原谅旅游设施的不足。然而，如果导游人员的接待工作发生差错，那么任何优质的旅游服务设施也无法弥补给旅游者造成的不良印象。因此，旅行社在为旅游团选择接待人员时必须十分谨慎，从那些基本素质、知识水平和业务能力均优的导游人员中间挑选出担任旅游团接待任务的人员。

（一）导游员应具备的基本素质

导游员的基本素质是指导游员所应具有的良好个人品质。这是导游员胜任旅游团接待工作的必要条件，导游员应该具备的基本素质包括 9 个方面，如表 5-2 所示。

表 5-2　　　　　　　　　导游员应具备的基本素质

导游员应具备的基本素质	具体表现
热情友好，爱岗敬业	• 导游员应该性格开朗，待人热情，活泼睿智，富于幽默感，使人看上去十分愉快。导游员在接待过程中应该热情地关心旅游团内的每一位旅游者，经常嘘寒问暖，提供富有人情味的服务，使旅游者产生一种宾至如归的感觉。 • 导游员应该具有强烈的敬业精神、热爱导游工作，真诚热情地为旅游者服务，精力充沛地投入旅游团的接待工作中，导游员应该积极发挥自己的聪明才智和主观能动性，不怕吃苦，任劳任怨，出色地完成旅游接待任务，让旅游者高兴而来，满意而归

续　表

导游员应具备的基本素质	具体表现
态度乐观，不惧困境	• 导游员在接待旅游团时，经常会遇到各种意料不到的困难，例如，飞机航班延误，旅游途中遇到车祸，旅游团内有人生病，旅游团内个别旅游者对旅行社的某些安排表示强烈不满等。在困难面前，导游员应该表现出乐观的态度，让旅游者觉得困难并不像想象的那么严重，增加克服苦难的勇气。因此，导游员必须是一个乐观主义者，一个在任何困难面前都不会丧失信心的人，那种一遇到困难便惊慌失措、怨天尤人的人绝不可能成为一名合格的导游员
意志坚定，处事果断	• 坚定的意志和处事果断的工作作风是导游员成功地带领一个旅游团完成旅游活动的重要因素。无论担任领队、全程陪同还是地方陪同，导游员都必须在旅游团面前表现出充分的自信心和抗干扰能力，导游员应该坚定不移地维护旅游团和旅行社的正当权益，坚持要求有关方面不折不扣地执行事先达成的旅游合同或其他合作合同。 • 在遇到比较棘手的问题时，导游员应能保持冷静，头脑清醒，善于透过纷乱复杂的表面现象迅速找到问题的实质，果断地采取适当措施，尽快将问题解决好
待人真诚，讲求信誉	• 导游员必须具备待人真诚的品质，无论对旅游团还是对旅行社，都必须讲求信誉，做到言必信，行必果，一切事情必须光明正大，不得背着旅行社同旅游者、旅游中间商或其他旅行社做私下交易。导游员不应做假账，谎报各种开支，也不能欺骗旅游者，损害旅游者的利益。导游员不得讲有关他人所服务的旅游团或旅行社的坏话，这样做既不公平又十分不明智，最终会使人对导游员产生恶劣的印象
文明礼貌，举止端庄	• 整洁的衣着、端庄的仪表和潇洒大方的言行举止会给导游员增添几分气质，而衣着不整、形象邋遢、口出讳言的导游员则使人感到不可信任。因此，导游员的衣着必须整洁、得体，仪表应端庄、大方，表情要自然、诚恳、稳重，看上去总是精神饱满、朝气蓬勃。在接待旅游团的过程中，导游员要讲求礼貌服务，使用礼貌语言，面部应经常带着微笑，使旅游者感到舒心，满意。导游员应努力克服不符合礼仪的生活习惯，切忌对旅游者漠不关心，态度生硬

续 表

导游员应具备的基本素质	具体表现
顾全大局，团结协作	• 顾全大局是导游员应具备的基本素质之一。导游员在接待过程中，不可避免地要同许多部门、单位、企业和个人进行合作，在合作的过程中，有时会因各种原因使导游员同这些部门、单位、企业和个人发生误会甚至冲突。当这种情况发生时，导游员应该能够做到以大局为重，在一些非原则性的问题上做出让步，不可意气用事，应尽量向对方解释，设法取得谅解，以消除误会，加强双方之间的合作。 • 导游员应能够在接待过程中经常注意旅游者的情绪，发现不和谐的苗头时，应及时加以调解，使整个旅游团在团结和睦的气氛中顺利度过旅游全过程，留下对旅游活动的美好记忆
身体健康，心情开朗	• 导游员应具有健康的身体和心理，精力旺盛，充满朝气。旅游团的接待工作是一项十分繁重的脑力和体力劳动，导游员每天不仅要提供大量的导游讲解服务，还要从生活的各个方面照顾来自不同国家和地区、具有不同文化传统和生活习惯的旅游者。在旅游过程中，导游员经常是全团中第一个起床和最后一个就寝的人，而且还要经常面对各种意料不到的困难，需要不断地解决各种问题，调解各种纠纷，协调各方面的关系。这些工作会大量消耗导游员的体力和脑力，有时甚至会弄得导游员心力交瘁。因此，导游员必须是一个身心健康的人。 • 在身体方面，导游员应能正常走路，会爬山，能够不间断地进行工作，能够适应各地的不同气候条件和饮食习惯，总是以不知疲倦的精神面貌出现在旅游团面前。在心理方面，导游员应能做到心情愉快，头脑冷静，时刻保持着心理上的平衡，不因一时的挫折而灰心，也不被蝇头小利所诱惑

续　表

导游员应具备的基本素质	具体表现
遵纪守法，依法办事	● 导游员应成为遵纪守法的模范，自觉地维护国家的各种法律法规，严格地按照旅行社的各项规章制度办事。导游员应该熟悉有关旅游行业和消费者权利的各项法规，能够运用法律保护旅行社和旅游者的正当权益，并勇于同各种违反国家法律和旅行社规章制度的行为作斗争
勤奋好学，不断进取	● 导游员应具有强烈的进取精神，勤奋好学，不断用各种知识充实自己的头脑。导游员不仅要努力学习书本知识，还要通过实践进行学习和锻炼，将书本知识同实践经验结合起来，提高自己的知识水平和业务能力。另外，导游员还应虚心向他人学习，向旅行社的同事们学习，向各有关部门、单位和企业的人学习，向旅游者学习，向一切有知识、有实践经验的人学习，不仅学习他们的成功经验，还要了解他们的失败教训，避免重蹈他人覆辙。 ● 导游员在学习书本知识或他人经验时，切不可照抄照搬，而应通过自己的头脑进行思考和分析，找出符合自己实际条件的知识和经验加以运用，并努力通过不断地学习和实践，总结出具有独创性的经验和理论，用以指导今后的旅游接待工作

（二）导游员应具有的知识

旅游团的接待不仅要求导游员具有乐于为旅游者服务的热情和爱心，还要求他们有较高的知识水平。导游员无论在导游讲解过程中，还是平时在同旅游者的交谈中，都会涉及各个方面、各个领域的知识。因此，导游员必须通过学习和实践，获得大量的知识，不断提高自己的知识水平，才能够胜任旅游团的接待工作。

通常，一名合格的导游员应该具有9个方面的知识，如表5-3所示。

表 5-3　　　　　　　　　　　　导游员应具有的知识

导游员应具有的知识	具体表现
旅游知识	• 导游员所从事的是一种旅游工作，其服务对象是旅游者，并且服务于某一家旅行社或某几家旅行社，并且在接待过程中经常要同各种旅游服务部门、单位或企业打交道。因此，导游员应该学习旅游的基本知识，了解现代旅游的性质、种类和特点，旅游者的类型及其流动规律，旅游资源的功能及特点，旅游业的构成及主要支柱产业，旅游活动所产生的积极和消极影响等。这些旅游知识对于导游员做好旅游团的接待工作起着重要的作用，它可以使导游员更好地了解其接待对象，针对不同的旅游者特点提供不同风格的导游服务
生活常识	• 生活常识对于导游员的旅游接待工作具有很大的帮助，在旅游接待过程中出现的许多问题都可以运用生活常识加以解决。导游员在接待旅游团的工作中所需掌握的生活常识包括两个方面的内容：一是旅行常识，如海关知识、交通知识、通信知识、卫生常识、货币知识、保险知识、急救知识等；二是日常生活常识，如预防疾病的知识、待人接物的知识、选购商品的知识等。其中的部分生活常识可以通过读书、培训等方式获得，而大部分生活常识则需要在日常生活中不断积累。导游员要做"有心人"，平常应留意身边发生的各种事情，经过长期的总结和积累，使自己成为一名生活常识丰富的人
语言知识	• 导游员在旅游接待中使用的最重要工具是语言。熟练地掌握一门以上的外国语或地方方言是以入境旅游团和出境旅游团为主要服务对象的导游员必不可少的任职条件。而接待国内旅游团的导游员则应具有较好的汉语言知识，只有精通接待对象所使用的语言，导游员才能够较好地同旅游者进行沟通，介绍旅游目的地的风土人情、民族文化，把旅游景点渲染得栩栩如生，增加对旅游者的吸引力，使旅游者对旅行社的接待服务感到满意

续 表

导游员应具有的知识	具体表现
语言知识	• 导游员一般在各种学校里学习语言的能力。除此之外,导游员还应该在平时加强自学,不断提高语言水平和运用语言的能力。例如,使用外国语进行导游的导游员除了到专门教授外国语的学校学习外,还可以在接待外国旅游者时向旅游者请教,学习活的语言;以汉语言作为导游工具的导游员则可以通过日常与同事们的交流切磋及在实际导游过程中不断总结来提高语言水平
法律知识	• 导游员应该具有足够的法律知识,了解旅游者特别是海外旅游者在我国的法律地位及权利和义务。导游员应通过学习,熟悉国家的宪法和其他法律法规,同时又需要掌握同旅游接待业务直接相关的专业法律法规,如《旅行社管理条例》《消费者权益保护法》等。对于接待出境旅游团的导游员来说,还需要熟悉和掌握旅游目的地国家或地区的有关法律法规。学习和掌握法律知识并不只是保证导游员成了一个遵纪守法的公民,更为重要的是它可以使导游员在旅游接待工作中自觉地运用法律武器保护旅游者和旅行社的合法权益,减轻或杜绝各种违法行为对旅游者和旅行社的侵害
心理学知识	• 导游员在接待旅游团的全部过程中,时刻都要同旅游者、参与接待旅游团的其他人员,不同旅游服务部门、单位、企业的有关人员,同旅游团接待工作相关的其他部门人员打交道。不同的人具有各自不同的思维方式、价值观念、生活习惯、文化传统等,导游员在与他们相处时应该注意了解对方的心理活动,有的放矢地进行导游讲解,提供旅途生活服务,搞好各方之间的合作。因此,导游员应学习和掌握一些心理学知识

续　表

导游员应具有的知识	具体表现
美学知识	• 美学知识是导游员所需具备的一种重要知识，它能够帮助导游员在旅游团的接待中满足各种审美情趣的旅游者的不同审美需求。欣赏旅游目的地国家或地区优美的自然风光，品味那里的文化艺术和民俗风情是旅游者到异国他乡从事旅游活动的重要原因。由于不同国家、地区和民族文化历史传统不一，异域的许多优美事物中有很多是旅游者平时所不接触、不熟悉的东西，未经熟悉这些的人加以介绍和引导，旅游者往往难以真正领悟到其中的奥妙。因此，帮助旅游者获得最大的美的享受，就成为导游员义不容辞的责任。导游员应该通过不断地学习，掌握一定的美学知识，学会用生动形象的语言向旅游者介绍美的事物，同时还要因势利导，正确调节旅游者的审美行为，使他们能够得到美的享受
历史、地理等文化知识	• 历史、地理等文化知识是导游员在接待旅游团的过程中不可或缺的重要知识。在导游员的导游讲解中，必然会涉及大量的历史、地理等文化知识。这些知识范围很广，如天文知识、地理知识、中外历史知识、民间传说、历史典故、名人逸事、文学名著等。掌握这些知识对于导游员生动形象地向旅游者介绍旅游景点具有重要意义。因此，导游员应努力学习和积累这些知识，以便能够更出色地完成旅游接待任务
旅游客源地知识	• 导游员应该具有关于旅游客源地的知识，如客源地居民的文化传统、风俗习惯、礼俗禁忌、思维方式、价值观念等。通过对旅游客源地情况了解，导游员在接待过程中可以针对来自不同旅游客源地的旅游者的具体情况，提供适合他们需要的服务
旅游目的地知识	• 导游员应了解旅游目的地的概况，熟悉当地旅游设施的基本条件、价格水平、服务方式等情况。导游员需具备的旅游目的地知识包括：进入和离开该地区的主要交通工具种类、抵离的时间、票价；当地饭店的数量、档次、坐落地点、客服出租价格、服务项目；餐馆的数量、风味特点、价格水平、当地可供旅游者选购的土特产产品名称、基本价格等；当地居民对于旅游者的态度，有哪些优惠政策，有哪些旅行限制。如系出境团，还应了解目的地国家的货币兑换、海关、边防检查等规定

（三）导游员应具备的能力

旅行社在选择导游员时，不仅要了解他（她）的基本素质和知识水平，还要考查他（她）的实际能力。旅行社需要考查导游员的实际能力包括以下三个方面：

（1）独立工作的能力。旅游团的接待工作是一项独立性十分强的业务工作，导游在接待旅游团的过程中经常要在远离旅行社领导和同事们的情况下，独立承担涉及旅游接待的各种工作。导游员在接受陪同旅游团的任务后，一般要独立组织旅游团的游览参观活动，独立做出各种决定，并且往往要独立处理各种棘手的难题。特别是近年来，许多旅行社为了降低接待成本，经常要求由一名导游员既承担旅游团的全程陪同工作，又要完成地方导游的各项任务。因此，导游必须具有较强的独立工作能力。独立工作能力已经成为一名合格导游员的必备条件之一。

（2）组织协调的能力。旅游团的接待是一项组织性和协调性都很强的旅行社业务，要求担当此项工作的导游员具有较强的组织能力和协调能力。导游员在接待旅游团的过程中要按照旅游合同制定和执行活动日程，并带领旅游团顺利完成预定的旅游活动。在这个过程中，导游员要做大量的组织工作，将各项活动组织和落实好。此外，导游员在接待过程中需要按照需要协调各个方面的关系，如旅行社同旅游者的关系，旅行社同饭店、民航、旅游景点的旅游服务供应部门的关系，领队、全程导游员和地方导游员三方面之间的关系，旅游团内不同旅游者之间的关系，导游员所在的旅行社接待部门同该旅行社的计调部门、销售部门、财务部门等相关部门之间的关系等。导游员在接待中应注意讲究工作方法，根据具体情况采取适当的应对措施。

（3）随机应变的能力。随机应变的能力是导游员在接待旅游团时所应具备的第三种能力。导游员的工作对象既广泛又复杂，导游员需在工作中同各种层次、各种性格、各种风俗习惯和文化传统的旅游者及其他方面人士打交道。旅游活动中充满了各种未知因素，使得接待工作变得更加扑朔迷离、变化多端。因此，导游员应掌握并熟练地运用公共关系知识，具有灵活性、理解能力并能适应经常变化着的环境，随机应变地处理好各种问题，搞好同旅游者及各方面的关系。

七、导游人员的管理

《导游人员管理暂行规定》确定了旅行社对导游员进行日常管理的职

责，包括进行思想政治、职业道德、法制、纪律教育；资质导游业务培训；负责内部考核和奖惩工作；处理旅游者对导游员的意见。要实现对导游员的有效管理可采取以下主要措施。

（一）加强培训与考核，确保导游员素质

导游人员的培训学习是决定其素质提高的关键因素，是一个长期性的任务，贯穿于导游队伍建设的始终。我国导游人员就业前基本没有接受过系统的导游服务专门训练，而且就业后由于大部分导游人员实际处于无人管理状态，学习的机会不多。有关部门应与旅行社、学校等单位或社会机构合作，为导游提供全面的培训机会，在职业道德、服务意识、法律法规、专业知识等方面进行严格、高水平的培训。这些培训要尽量安排在旅游淡季，并且遵循自愿、低成本的原则。同时，现行旅游教育中导游专业的科目也应重新划定，使之趋于合理化，以避免未来培训中"补洞"式的应急培训。

导游员素质的高低，是决定导游服务质量高低的关键因素，因此旅行社要开展定期与不定期的培训来提高导游的素质。同时还要在导游人员中开展导游业务的定期交流，提高导游人员的接待能力。

（二）实行合同管理，强化导游责任感

对导游实行合同管理，是促使导游员依法为游客提供服务的保证，是提高服务质量的重要措施，可以促使导游员增强责任感，自觉为旅游者服务。

（三）导游服务质量监控

由于导游接团过程的独立性、自主性太强，不易监督，这就导致由于责任心不强或受经济利益驱动等原因，少数导游员在提供规范化旅游服务时违反标准和程序，因此，除了加强导游人员的选聘之外，还要加强导游人员的服务质量监控。

对导游员常规服务质量的监控主要通过以下三方面进行。

（1）规范规程，严格制度。接待部应制定从接团准备到送团归来的标准化、规范化的导游接待规程，对接待规程中最容易出现问题的环节进行量化管理，对导游员容易疏忽的地方实行监督标准管理，对接团的每个步骤、每项业务制定详细的管理规划。

（2）深入一线，监督抽查。接待部负责人应要求导游人员将接团前制定的接待行程表复印件、接团后填写的接团情况报表上报接待部存档并进行审阅，发现问题及时纠正解决。接待部还应组织人员根据行程表上的行程前往接待一线进行导游接待规程的抽查，以确保规程得以实行。

（3）领导负责，严格奖惩。接待部应制定本社导游员的奖惩制度，对接待过程中的导游违规现象，即遭到游客投诉并查实的导游员给予严肃处理，如采取处以罚金、接受调导等方式。受到游客表扬的导游应给予奖励，如表扬、奖金等。

（四）对兼职导游员的管理

由于导游工作的特殊性和导游职业的自由化趋势，兼职导游在导游员中所占的比例越来越大，兼职导游员的管理逐渐成为旅行社导游管理工作的重要组成部分。对兼职导游员的管理是一个长期的过程，而不是简单地做一个记录就临时聘用。在管理中要注意以下方面：

（1）建立档案。导游管理部门应将所有的兼职导游员的个人资料归档，以便全面了解导游员对工作的胜任情况。

（2）订立合同。对兼职导游员实行合同管理，是促使导游员增强工作责任感、提高服务质量的重要措施。

（3）质量保证金制度。在旅行社与导游员签订合同时，要求导游员交纳一定的质量保证金，以约束导游员的行为。

（4）导游例会。导游例会是定期对导游员召开的会议，以使导游员增强组织观念、沟通信息、增进了解、增加凝聚力。

（5）组织培训。兼职导游员也要和专职导游员一样定期接受培训，以提高导游员的素质和接待的质量。

（6）导游员的等级评定。旅行社的导游管理部门要对兼职导游员进行考核评定，优胜劣汰，以确保导游队伍的质量。

任务准备

一、团队组建

本书大部分内容采取小组学习的方式进行，请在规定时间（15分钟）内自行组建学习小组（每组人数视班级情况自定）。

学生分好组后，以小组为单位坐在一起。划分招聘区域，中间的场地要求空出来，便于组织活动。每组选出招聘人员、应聘人员，定出组名，编好组歌，画出组徽，制定小组格言，并记录在表5-4中。

表5-4　　　　　　　　　　学习小组表

组名			
小组格言			
组徽		组歌	
招聘人员		应聘人员	
组员姓名	联系电话	组员姓名	联系电话

二、教师下发任务书

任 务 书

1. 任务目标

（1）学会共同合作、相互借鉴学习，倾听教师的评价。

（2）掌握不同语境下灵活进行招聘、应聘的语言技巧。

2. 任务要求

（1）在教师指导和辅助下，以小组为单位完成招聘和应聘的情景模拟，学会如何根据设计的情景进行双方博弈的对话。

（2）以小组为单位，收集旅行社与导游人员间招聘、应聘的案例。

3. 活动规则

（1）各组自行做好计划书，明确分工。

（2）活动过程必须全体组员参与。

（3）要通过各种形式（照片、视频、漫画、小品演示等）将活动过程记录下来。

（4）任务完成后，要向全班同学汇报，并展示任务的完成过程。

任务实施

一、制订实施方案

认真分析任务,并确定好任务实施方案。

_____
_____
_____
_____
_____

二、确定人员分工

任务实施过程中要明确分工任务,组长要调动组员充分表达不同意见,形成职责清晰的任务分工表,见表5-5。

表5-5　　　　　　　　　　任务分工表

组员姓名	任务分工

三、过程监督

请各组成员在任务实施过程中做好过程记录,组长负责进行监督,全组共同完成进度监督表,见表5-6。

表5-6　　　　　　　　　　进度监督表

工作阶段	时间	进度描述	检查情况记录	改善措施以及建议

四、各组成员记录任务实施过程中的困难及收获

困难：_____

_____

小组成员想到的解决方法：_____

_____

本次活动的收获：_____

_____

五、展示活动记录

每个小组在任务实施过程中，可以用各种形式把本组搜集到的案例记录下来，分别扮演旅行社的招聘人员、应聘导游的人员，通过进行角色扮演，学习双方博弈对话技巧，并以各种形式展示出来。

六、班内汇报

汇报内容包括：对本次任务完成情况的介绍、任务实施过程中遇到的困难和解决的方法、对所搜集及观察到的内容的解说等。小组互相评价，并对同学的汇报情况做好记录，见表5-7。

表5-7　　　　　　　　班内汇报表

组别	汇报情况（包括任务完成情况介绍、过程处理及搜集效果等方面）

七、归纳总结

通过本次活动，请你归纳：旅行社为招聘到合适的导游需要掌握的对话及提问的技巧。

_____

_____

_____

评价反馈

以小组为单位，结合表5-8中标准，围绕自己在活动前后的思想、行为等变化，进行客观评价。

表5-8　　　　　　　　评价标准及客观评价表

规范及责任意识综合体现评价标准
1. 遵守规则。 2. 能快速找到与组员的共同目标。 3. 能准确无误、无条件地接受并立即执行组内指令。 4. 能按事先确定的方案尽力完成任务。 5. 能建立良好和谐的人际关系，使工作尽快开展。 6. 能够化解任务中的障碍。 7. 能勇于承认错误，敢于承担责任。 8. 能以大局为重，调整自己的工作节奏。 9. 能在团队合作中表达自己的意见，也能虚心接受他人的建议和批评。 10. 为了实现共同目标，能牺牲自己的利益。

活动前		活动后	
思想描述		思想描述	
行为描述		行为描述	
感悟			

思考与练习

1. 概念解析

旅行社人事管理　人才流动　绩效评估　劳动保险　导游员
领队　全程导游员　专职导游员　国际导游员　国内导游员

2. 简答题

(1) 简述旅行社人事管理的含义。

(2) 为什么说人事管理内在要素是质的管理？

(3) 人员招聘的宣传与报名阶段的主要任务是什么？

(4) 人员招聘的选拔环节应坚持什么原则？

(5) 旅行社需要什么类型的人才？

3. 选择题

(1) 导游应该具备的能力是（　　）。

A. 独立工作能力　　　　　　B. 组织协调能力

C. 随机应变能力　　　　　　D. 吃苦耐劳能力

(2) 以导游为主要职业但是却不专门受雇于某一家旅行社的导游员是（　　）。

A. 专职导游员　　　　　　　B. 兼职导游员

C. 实习导游员　　　　　　　D. 自由职业导游员

任务二　旅游投诉与服务质量管理

学习目标

完成本节学习任务后，你应当能：

1. 了解投诉指南、投诉时效，以及新《旅游法》四大亮点。

2. 学习旅行社服务质量管理的概念、内容、方法，旅游投诉的概念、形式、原因及管理，旅游事故的概念、分类、处理等内容。

3. 了解旅行社质量管理的内涵、旅游投诉及旅游事故的概念。

4. 理解旅行社服务质量管理方法、旅游投诉原因、旅游事故的处理原则。

5. 掌握旅行社全面质量管理的方法，掌握旅游投诉的具体处理办法，领会在旅行社接待过程中突发事故的处理方法。

学习任务

1. 组建学习小组。

2. 搜集旅游投诉的相关案例，并基于特定情景设计关于"旅行社或导游"与"游客"之间的投诉及处理方案，模拟展示。

任务引入

阅读下面的案例,回答后面的问题。

【案例一】

2002年5月1日,赵先生及同事6人参加某旅行社组织的"黄山五日游"。按旅游协议所定的游览行程、交通、住宿等标准,旅游者每人交纳旅游费880元。然而,在旅游协议的履行过程中,该旅行社原承诺的山上住宿6~8人高低铺,实际为12人高低铺,下铺两人,上铺一人,共住12人;行程计划中的黄山三大主峰之一——天都峰,也并未安排游览。赵先生等以旅行社所列旅游行程具有欺诈行为为由,向旅游质量监督管理所投诉,要求旅行社退赔全额旅游费用,以维护其合法权益。

被投诉方旅行社的辩解:

1. 黄山山上接待设施有限,一般团队均为6~8人高低铺,"五一"期间山上住房极为紧张,各旅行社都只能按黄山方面惯例下铺全部合铺。

2. 平时游览黄山,旅行社都安排客人远眺"天都峰",而"五一"期间,"天都峰"封山,则无该景点。旅行社之所以没有实现合同标准,是由于无法预见的客观原因造成的,并非旅行社故意行为,因此不应承担赔偿责任,至多退还山上房费差价。

处理结果:

质监所通过调查核实,作出以下处理意见:

1. 被诉人因自身过错未达到合同约定的服务质量标准,根据《旅行社质量保证金赔偿试行标准》第11条规定"旅行社安排的饭店,因饭店原因低于合同约定的等级档次,旅行社退还旅游者所付房费与实际费用的差额,并赔偿差额20%的违约金。"质监所裁定,被诉方旅行社赔偿两位下铺和上铺旅游者住宿费用220元。

2. 黄山总门票包括"天都峰"景点,旅行社并未加收门票,而因黄山方面原因,未能游览。因此,旅行社不存在欺诈行为。鉴于被投诉方旅行社没有事先跟旅游者讲明有关情况,客观造成旅游者的合理期望无法实现,责成被投诉方旅行社主动道歉,并给予投诉人每人人民币30元的适当补偿。

行家点评:

在旅游活动的过程中,因旅行社的故意或过失未达到合同约定的服务质量标准,造成旅游者经济损失的,旅行社应承担赔偿责任。但投诉人要求旅行社赔偿全部旅游费用,是缺乏法律依据的。根据《旅行社质量保证金赔偿试行标准》，旅行社在住宿、交通、景点等方面服务质量不达标准，都应退还已付费用与实际费用的差额，并赔偿差额20%的违约金。

【案例二】

2002年1月22日，李先生一行8人，参加了某旅行社组织的新、马、泰、港、澳15日游。根据合同约定，李先生交纳每人旅游费7800元，旅行社提供境外交通、住宿、餐饮、基本景点门票及游览期间旅游意外保险。26日李先生在泰国乘快艇游览芭堤亚岛返回时，海面突起狂风，风大浪急，快艇颠簸，造成李先生腰椎压迫性骨折。上岸后，旅行社将其送往曼谷芭堤亚医院。因为病情原因，李先生不得不住院治疗，终止以后的游览行程，乘飞机直接返回国内。李先生因为15日游程被迫终止，于是向质监所投诉，要求旅行社退赔其境外未游览行程的所有旅游费用。

旅行社方辩解：

事故发生后，旅行社已对游客进行了及时的医疗救治，支付了有关医疗费用，并妥善安排其返回国内。同时，旅行社积极协助游客索取了有关事故证明材料，为游客办理意外保险索赔提供了充实依据。因此，不应退还其未游览行程的所有费用。

处理结果：

1. 此案属于旅游意外事故。被诉方旅行社在组织旅游活动之前已对其安全状况及注意事项向游客作了充分说明及告示。因此，旅行社对其有关事故不负赔偿责任。

2. 投诉人交纳旅游费用7800元，旅行社方为其支付了办证费、境外全程交通费、前5日行程的游览、住宿、餐饮费及境外医疗费共计6900元。因此，旅行社应退还投诉人旅游费用余额900元。

行家点评：

1. 出境旅游的价格涉及境外旅行社的报价，不同季节（节假日）时有变化。游客出境旅游应首先选择具有出境游资格的旅行社，同时应咨询和选择适合自己的旅游线路和价格，并签订旅游合同。

2. 根据国家有关规定，从2001年9月1日起，所有旅行社都必须投保旅行社责任保险，同时向旅游者推荐旅游者个人保险。旅游者在旅行过程中发生意外，如系旅行社方面责任，将可获得双重保险。

3. 旅游者在旅游过程中如发生意外事故，应及时取得事故发生地公安、医疗、承保保险公司分支机构及旅行社方出具的有效凭证，以便向承保保险公司办理理赔事宜。

问题:
1. 在案例一中旅游服务不达标准,赔偿如何计算?谈谈你的观点。
2. 在案例二中旅游发生意外,责任如何界定?你得到哪些启示?

任务布置

1. 情景布置:游客因为某种原因或事件,对旅游服务感到不满意,向旅行社提出了投诉。请问如果你是旅行社,怎样了解游客的心理并处理投诉,制订适合的处理方案。

2. 每6~8人组成一组,以小组为单位,围绕以上情景,分小组,一部分同学做游客,一部分充当导游及旅行社工作人员,进行角色扮演并就投诉进行演绎。

3. 各小组以各种形式(照片、视频、漫画、小品演示等)记录下来,并做一些简单的解释。

知识链接

一、旅行社的选择

旅游一定要选择经旅游行政管理部门批准的旅行社,这样才能保证旅游的愉快和安全。正规旅行社应取得由旅游行政管理部门颁发的"旅行社业务经营许可证"和工商行政管理部门核发的"营业执照",并且旅游业务范围是经过严格核准的;中国公民出境游由国家特许经营,必须在营业执照中注明,否则就是假冒。

目前,我国从事旅游业务的旅行社分为国际旅行社和国内旅行社。国际旅行社主要负责组织、接待外国人来华旅游;其中有一小部分国际旅行社经国家旅游局批准经营中国公民出境旅游业务,未经批准而承办出境旅游业务的均属非法。国内旅行社的经营范围仅限于国内旅游业务。

二、旅游纠纷的处理

当旅游者的合法权益受到侵害时,可否想到拿起自己手中的"武器"去投诉?一般来说,发生旅游纠纷,可先与旅行社沟通,协商解决;协商不成，再向旅游质量监督管理部门或消费者协会投诉，亦可向人民法院提起诉讼。旅游者向法院提起诉讼并已被法院受理的案件，消费者协会、旅游质监部门将不再受理。

游客在旅行过程中遇到旅游服务质量问题，合法权益受损时，可以立即去当地旅游质量监督管理部门投诉；如果游客已旅行归来，可到组团社所在地的旅游质量监督管理部门递交投诉状。

学会"投诉"为"防患于未然"之举，这也将更好地提高消费者的法规意识，完善旅游服务质量。

三、投诉状

根据国家旅游局颁布的《旅游投诉暂行规定》，写投诉状应本着真实的原则反映情况，具体来说，一份完整的投诉状应包括以下几部分：

（1）投诉者的姓名、性别、国籍、职业、年龄、单位（团体）名称、地址、联系电话。

（2）被投诉者的名称、地址、联系电话。

（3）投诉的事实与理由。

（4）具体的赔偿要求。

（5）与事实有关的证明材料，如合同、门票、机/船/车票、凭证、发票等。

另外，投诉者应该按照被投诉者的数量提出投诉状副本并依法在投诉过程中提供新证据。

投诉者可以对哪些损害行为进行投诉？

（1）认为旅游经营者不履行合同或协议的；

（2）认为旅游经营者没有提供价值相符的旅游服务的；

（3）认为旅游经营者故意或过失造成投诉者行李破损或丢失的；

（4）认为旅游经营者故意或过失造成投诉者人身伤害的；

（5）认为旅游经营者欺诈投诉者，损害投诉者利益的；

（6）旅游经营单位职工私自收受回扣和索要小费的；

（7）其他损害投诉者利益的行为。

四、旅游投诉时效

了解有关旅游投诉时效的规定，不仅有助于投诉者及时提起投诉，保护自身的合法权益；而且也有助于受理机关及时受理、处理投诉。国家旅游局颁布实施的《旅游投诉暂行规定》规定了以下几种时效：

(一) 投诉时效

向旅游投诉管理机关请求保障合法权益的投诉时效有效期为 60 天，投诉时效从投诉者知道或应当知道权利被侵害时算，有特殊情况的，旅游投诉管理机关可以延长投诉有效期。

(二) 受理时效

投诉管理机关接到投诉状或口头投诉，经审查，应在 7 日内做出是否受理的决定，不予受理的，说明理由。

(三) 应诉答复时效

投诉管理机关做出受理决定后，应当及时通知被投诉者。被投诉者应当在接到通知之日起 30 日内做出书面答复。

五、《旅游法》颁布

2013 年 4 月 25 日，十二届全国人大常委会第二次会议表决通过了《中华人民共和国旅游法》。在旅游行业快速发展的今天，出台这样一部规范旅游活动、促进旅游业发展、明确旅游市场规则的综合性法律，可谓正当其时。《旅游法》四大亮点：

(一) 以人为本，保护旅游者权利

旅游者的权利问题是《旅游法》作为国家综合性大法的根基，是《旅游法》中的权利主体，更是以人为本理念的集中体现。

(二) 民事规范和行政规范并重

《旅游法》按照市场经济和法治政府的要求，明确并细化了旅游市场主体间的权利义务关系，建立了健全统一的旅游服务标准和诚信、公平、有序参与竞争的市场规则，着力解决旅游资源及其经营管理中的部门、行业和地区分割问题，力争实现政府公共服务和监管、行业组织自律以及企业依法自主经营的有机统一。

(三) 符合产业特征和发展需要的综合性法律

《旅游法》整合了旅游产业各要素和旅游活动全链条，构建了政府统筹、部门负责、有分有合的旅游综合协调、市场监督、投诉处理等制度，涵盖了促进（经济法）、管理（行政法）和民事（合同）三方不同性质的法律规范。

（四）依法治旅，旅游休闲权益的更好保障

《旅游法》的出台，使中国旅游业将全面进入有法可依、依法治旅的新时代，中国国民旅游休闲的权益将得到更好保障。

六、服务质量管理的概念及类型

（一）服务质量管理的概念

（1）服务质量，是指服务能够满足规定和潜在需求的特征的总和，是指服务工作能够满足被服务者需求的程度，是企业为使目标顾客满意而提供的最低服务水平，也是企业保持这一预订服务水平的连贯性程度。

（2）服务质量管理，是指为保持某一产品、过程或服务质量满足规定的质量要求所必需的有计划、有系统的全部活动。

（二）服务质量管理的类型

（1）预防性控制，是指为了防止错误和舞弊的发生而预先采取的控制。因而它是一种"事前控制"。

（2）探测性控制，是指运用一定的方法将已经发生或存在的错误探测出来的控制。在缺乏完善的、可行的预防性控制措施的情况下，探测性控制是一种很有效的监督工具，也是完善的内部控制系统的一个基本组成要素。而在一般情况下，探测性控制的成本要低于预防性控制的成本。

（3）纠正性控制，是指对那些由探测性控制查出来的问题进行的控制。

一般而言，纠正性控制与探测性控制是紧密联系在一起的，它可以适时纠正错误，使已经发现的问题及时得到解决。

七、旅行社服务质量的构成

旅行社服务质量是由三个方面的内容构成的，即产品设计质量、旅游接待服务质量和环境质量。

（一）产品设计质量

旅行社产品设计是保证其整体产品质量的基础。产品设计质量要保证旅行社所设计的服务产品既在使用价值上满足旅游者的旅游需求，又在性能价值上一致。

（二）旅游接待服务质量

旅游接待服务质量是指旅行社的门市接待人员和导游人员提供的服务水平，它是旅行社产品使用价值的实现过程。旅游接待服务质量要保证购买旅行社产品的旅游者在旅游过程中获得物质方面和精神方面的双重满足。

（三）环境质量

1. 硬件环境质量

硬件环境质量是指旅行社在接待旅游者的整个过程中，所利用的各种设施设备及其他辅助硬件项目的水平。硬件环境包括旅行社自身硬件环境和相关旅游服务供应部门的硬件环境。硬件环境质量，反映了旅行社为旅游者提供的各种旅游设施设备和旅游者生理需求满意度的关系。

2. 软件环境质量

软件环境质量是指旅行社内部各部门之间的协调和旅行社与相关旅游服务供应部门之间的合作水平，目的在于保证旅游活动能够顺利进行。

八、旅行社服务质量的评价标准

（一）影响服务质量评价的因素

1. 有形因素

旅行社服务的有形因素，是指旅行社的有形展示。具体指旅行社和相关部门的硬件设施设备、服务设施的外观、宣传品的摆放和员工的仪表仪容等。

2. 可靠性因素

旅行社服务的可靠性因素，是指旅行社履行服务承诺的能力。它主要指两个方面，一是适时，二是准确无误。

3. 快速响应性因素

旅行社服务的快速响应性因素是指旅行社在最有效的时间内为旅游者提供快捷有效的服务的能力。

4. 保证性因素

旅行社服务的保证性因素是指旅行社服务人员的观念、态度和胜任工作的能力，具体包括对旅游者的礼遇和尊敬、与旅游者有效的沟通、服务人员完成任务的能力和对旅游者关心的态度。

5. 移情性因素

旅行社服务的移情性因素是指旅行社对旅游者需求的预见性能力和个性服务的行为及能力。这要求服务人员具有接近旅游者的能力和敏锐的洞察力，能够正确地理解旅游者的需要。

(二) 服务质量的旅行社内部评价标准

(1) 旅游线路安排合理，旅游项目丰富多彩、劳逸程度适当，能够满足旅游者在旅游过程中游览和生活的需要；

(2) 保证制定的旅游线路和日程能顺利实施，不耽误或不任意更改游程；

(3) 按质按量地提供计划预定的各项服务，如保证饭店档次、餐饮质量、车辆规格、导游水平和文娱、风味节目等；

(4) 保证旅游者在旅游过程中的人身及财产安全，保证其合法活动不受干预和个人生活不受骚扰；

(5) 相关旅游服务企业服务人员的态度、素质、技能的保证。

(三) 服务质量的旅游者评价标准

1. 预期质量与感知质量

预期质量是指旅游者在接受旅行社提供的实际服务之前，对旅行社产品质量所产生的心理期望。感知质量是指旅游者在旅游过程中实际体验到的旅行社服务质量。预期质量与感知质量之间的比较结果是旅游者对旅行社服务质量进行评价的依据。对二者之间的差距进行分析有助于我们找到质量问题的根源。

2. 过程质量与结果质量

旅游者在评判旅行社产品的质量时，不仅要考虑购买该产品过程中旅行社所提供的服务是否令其感到满意，而且还要考虑在消费该产品后是否能够达到其预期的结果。尽管过程质量和结果质量对于旅行社的服务质量均十分重要，但是多数旅游者更加注重结果质量。因此，只有当他们认为结果质量高于过程质量,或者不低于过程质量时,才会对旅行社产品的质量感到满意。

3. 服务规范与服务质量

制定服务规范是实现旅游服务质量的前提。虽然旅游服务的无形性使规范的制定有一定的难度,但还是要尽可能地制定内容全面的、易于操作的服务规范以保证服务质量。

九、旅行社服务质量管理的实施

(一)旅行社服务质量管理的实施原则

建立旅行社质量管理的全局理念,即推行"三全管理":全面质量管理、全过程质量管理与全员参与质量管理。

1. 全面质量管理

全面质量管理,是指旅行社的一切经营活动都要立足于设法满足游客的需要。全面质量管理要求旅行社从产品质量、服务质量与环境质量三方面进行全面的考察,实施全方位、全因素的管理,也可以称这种管理为横向管理。

2. 全过程质量管理

全过程管理,是指旅行社就其产品质量形成的全过程实施系统管理。

(1)前期管理阶段。这一阶段重点是管理好旅游产品的设计、宣传、销售和接待的质量。

(2)游览期管理阶段。游览期阶段的管理,是管理好服务质量和环境质量的重点。

(3)善后期阶段。善后期阶段的管理,是对前两个阶段管理的延续和补充,重点是做好旅游产品质量的检查和评定。

全过程管理,也可以称之为纵向管理,就是对前、中、后三个阶段中影响旅游产品质量的整个工作过程进行系统分析,通过对各部门、各单位和各岗位的质量管理职能组织系统的改进,达到全面提高服务质量的目的。

3. 全员参与质量管理

全员参与质量管理,是指旅行社要求全体员工对服务质量做出保证与承诺,大家一起参与游客服务。旅行社员工之间要有一种团体协作精神,共同为顾客的满意而努力。也可以称这种管理为群体管理。

(二)旅行社服务质量管理的实施程序

旅行社服务质量管理程序包括：制定适用的规范，按照规范要求进行服务及按照规范要求进行监督检查等内容。

1. 标准与规范控制

旅行社对于自己直接控制的环节（如导游服务、线路设计等），应制定质量标准、操作规程与岗位责任，并通过与奖惩制度相结合使之得以贯彻。另外，旅行社应采用全面质量管理的方法，不断发现服务中的缺陷与质量隐患问题，并及时研究解决措施，不断提高服务质量。

2. 合同约束

旅行社对于需要对外采购的食、住、行、游、购、娱等方面，要依靠完善合同的办法保证服务质量。旅行社应严格选择并定期筛选、更换旅游服务供应商，并通过合同要求供应商保证服务质量。旅行社在采购合同中应明确有关服务的质量标准，以及达不到标准的惩罚办法。

3. 避免不确定性

旅行社对无法控制，但又经常出问题的环节应尽力设法避免，如运力不足、客房供应紧张、严重传染病、恶劣气候等。

4. 信息反馈与监督检查

旅行社应加强服务质量的信息反馈，积极发现问题并予以解决，还要广泛听取游客的意见，不断改善、改进服务水平。

◆ 游客的意见一般分为三个部分：

一是对旅游线路、日程安排和节目内容的意见，这要通过改进线路设计来解决；

二是对住宿、餐饮、交通等方面的意见，旅行社要通过向相关单位反映与交涉，或另择供应商，或改进采购来解决；

三是对旅行社接待工作和接待人员的意见，这需要通过旅行社加强自身的质量管理予以解决。

★ 旅行社对游客的投诉，一定要查明情况，及时处理并做出答复。

(1) 制定规定和标准，强调规范化与个性化相结合的服务。旅行社对自己直接能控制的环节，应制定质量标准、操作规程和岗位职责，并通过与奖惩制度相结合使之得以贯彻。个性化服务是以标准化服务为前提的，标准化服务又是以个性化服务为归宿的。就中国旅行社目前的发展情况而言，其方向的把握应以标准化为主、个性化为辅。

（2）完善合同制度，保证产品质量。旅行社对于需要向有关旅游供应单位采购的食、住、行、游、购、娱等部分产品的服务质量问题，往往不能直接控制。但是，这部分服务又是旅行社所售出的旅游产品的重要组成部分，旅行社必须通过某些途径和措施来加以规范和控制。

（3）主动规避风险，减少质量事故。旅行社对企业无法控制而又可能经常发生的质量问题早做预防，并尽力避开。如某景区（点）交通运力紧张、客房供应不足、传染病流行、气候恶劣等，旅行社应早做准备，要么提前做好交通工具和客房预订准备工作，要么尽量不安排游客到这些地区，以减少不必要的质量事故的发生。

（4）做好事故善后补救工作。对于已经发生了的质量事故，旅行社应努力做好善后补救工作，尽可能减少其负面影响。

（5）加强服务质量信息反馈，做好监督检查工作。旅行社的质量信息是保证旅游产品高质量的基础。旅行社质量信息反馈，一般从这样几个渠道获得：

A. 行业组织、主管部门向旅行社企业提供的质量改进信息。

B. 服务人员在工作中及时发现服务规范、标准与旅游者期望值存在的差异，主动建议旅行社积极改进。

C. 旅游者提供的反馈信息。这种反馈在旅行社企业质量信息中所占的比重最大，因此，旅行社应广泛征求旅游者的意见，及时发现问题，不断改进和完善服务工作。

十、旅游投诉的概念及形式

（一）旅游投诉的概念

根据我国现行《旅游投诉暂行规定》，旅游投诉是指旅游者、海外旅行商、国内旅游经营者为维护自身和他人的旅游合法权益，对损害其合法权益的旅游经营者和有关服务单位，以书面或口头形式向旅游行政管理部门提出投诉，请求处理的行为。

（二）旅游投诉的形式

按照不同的投诉受理者，旅游投诉可以分为向旅游行政管理部门提出的投诉与向旅游者认为损害其利益的旅行社提出投诉两种。两者在处理的程序、管理的方式上有较大的差异。旅游投诉的管理重点就在于尽可能地解决旅游者的不满，以防止因旅游投诉造成的负面影响进一步扩大。

十一、旅游投诉产生的原因

（一）旅行社相关部门的过失引起的投诉

1. 交通服务提供部门过失引起的投诉

抵离时间不准时。

服务质量低劣。

忽视安全因素。

2. 住宿服务提供部门过失引起的投诉

设施设备条件差。

业务技能差。

服务态度差。

卫生条件差。

3. 餐饮服务提供部门过失引起的投诉

菜肴质量低劣。

就餐环境恶劣。

服务态度差。

服务技能差。

4. 其他服务提供部门过失引起的投诉

除了上述相关部门的过失造成的投诉外，其他一些旅游服务部门如游览景点、娱乐场所、购物商店等也会因服务质量低下造成旅游者投诉。历年来，旅游者对景点的不满意占有一定的比例，主要原因在于景区建设中优势资源发挥不充分。旅游者对团队旅游到定点商店购物的投诉比例也一直较高，其中"被骗"是引起旅游者投诉的重要心理因素。因此，提高信用是减少旅游者投诉的一个重要环节。

（二）旅行社自身原因引起的投诉

1. 活动日程安排不当

（1）活动内容重复。

（2）活动日程过紧。

(3) 活动日程过松。
(4) 购物时间过多。

2. 接待人员工作失误

(1) 擅自改变活动日程。
(2) 不提供导游服务。
(3) 造成各种责任事故。
(4) 服务态度恶劣。

3. 旅游计划变更

旅游投诉的产生主要是由工作人员的主观问题与客观原因所引起的。工作人员的主观原因主要表现在工作人员对游客不尊重、不热情、态度不好、讲解不到位，或工作不负责任，不能满足客人的合理要求等。客观原因有收费不合理、住宿条件不理想、旅游设施和设备不符合条件，或由旅游者个人的性格和习惯产生的不满。

从旅游者投诉的心理来看，不外乎要求尊重的心理、要求发泄的心理与要求补偿的心理。

十二、旅游投诉的处理程序

(一) 倾听投诉

投诉有书面投诉和口头投诉两种形式。

在接待提出口头投诉的旅游者时，管理者应耐心倾听旅游者的讲述，应做到：态度端正，认真倾听，头脑冷静。

(二) 询问情况

旅行社管理者在倾听旅游者投诉后，首先，应表示对其遭遇的同情，使旅游者感到管理者通情达理，愿意解决其所投诉的问题，得到心理上的安慰。其次，应就投诉中尚未讲清楚的关键情节进行询问，以便了解投诉事实。最后，应就旅游者能够坦诚地向旅行社反映情况表示感谢，并将处理结果反馈给旅游者。

(三) 调查事实

旅行社管理者应立即着手对投诉所涉及的人员和事情经过进行调查核实。

（四）进行处理

旅行社管理者在对旅游者投诉的事实调查清楚的基础上，应根据具体情况对旅游投诉进行妥善处理。在处理过程中对旅游者的要求补偿的心理要有高度重视。

对于涉及旅行社员工的投诉，如果经过调查，发现旅游者的投诉与事实相符，应立即采取适当的措施，按照旅行社的有关制度和规定对当事人进行批评教育；情节严重并造成经济损失的，还应根据错误的严重性和造成的后果给予扣发奖金、暂停接待工作、赔偿经济损失、通报批评、行政记过、解聘或开除等处分。

对于涉及其他旅游服务供应部门的投诉，经过调查证明确属该部门责任的，则应通过适当渠道向该部门的有关领导反映。如果发现该部门屡次出现旅游者因同类情况进行的投诉，旅行社则应减少直至停止与其合作，不再采购其旅游产品。

（五）答复结果

旅行社管理者在完成对旅游投诉的处理之后，应及时将处理结果以书面形式通知旅游者。如果处理结果涉及经济赔偿，旅行社还应征求旅游者的意见，以适当的渠道和方式进行赔偿。如果经过调查发现旅游者的投诉与事实出入较大，属于旅游者的误会，旅行社管理者则应向旅游者做实事求是的解释，并欢迎他今后继续关心和监督旅行社的服务质量。

旅游投诉得到妥善处理后，旅行社管理者应将旅游者投诉的原因和处理结果向旅行社的有关部门和人员公布，以提高员工们对服务质量重要性的认识。同时管理者还应根据旅游者的投诉，对出现问题的环节进行检查，以提高服务质量。

（六）记录存档

旅行社应将旅游投诉的内容和处理经过做详细真实的记录，并存入档案，以便将来必要时核对。

十三、旅游事故的概念及分类

（一）事故的概念

旅游事故是指在旅游过程中因主、客观原因造成的可能影响旅游活动正常进行的问题、差错以及人身伤亡和财产损失。

（二）事故的分类

1. 按事故程度划分

一般可分为一般事故和严重事故。一般事故是指经常发生而又能及时补救的差错、事故，如游客证件和物品的丢失、游客的一般走失等。

严重事故是指突发的、性质严重的、处理难度较大的事故。严重事故往往会给游客带来较大身体或精神伤害，对社会产生恶劣影响。

2. 按事故性质划分

一般可分为安全性事故和业务性事故。

（1）安全性事故。安全性事故是指有关游客人身和财产安全的事故，可以分为四种：

①轻微事故：一次事故造成游客轻伤，或经济损失在1万元以下；

②一般事故：一次事故造成游客重伤，或经济损失在1万（含1万元）～10万元之间；

③重大事故：一次事故造成游客重伤，或经济损失在10万（含10万元）～100万元之间；

④特大事故：一次事故造成游客多名死亡，或经济损失在100万元以上，或性质特别严重，产生重大影响。

（2）业务性事故。业务性事故是指由于旅游服务部门运行机制出现故障造成的事故，可分为两种：

①责任事故：由于接待方的疏忽、计划不周等原因造成的事故；

②自然事故（非责任事故）：由于天气、自然灾害或非接待部门的原因造成的事故。

十四、旅游事故的处理

（一）旅游者伤病、病危或死亡的处理

1. 伤病

旅游者意外受伤或患一般性疾病时，导游人员应及时探视，劝其尽早去医院看病并留在饭店内休息，必要时通知餐厅提供送餐服务；如有需要，导游人员应陪同患者前往医院就诊，并向游客讲清看病费用自理。严禁导游人员擅自给患者用药。

2. 旅游者病危

旅游者病危时，导游人员应立即协同领队或亲友送病人去急救中心或医院抢救，或请医生前来抢救。患者如系某国际急救中心组织的投保者，导游人员还应提醒领队及时与该组织的代理机构联系。在抢救过程中，导游人员应该要求旅游团的领队或患者亲友在场，并详细地记录患者患病前后的症状及治疗情况。需要签字时，导游人员应请患者的亲属或领队签字。在抢救过程中，导游人员应该随时向当地接待社反映情况。若游客病危但亲属不在身边时，导游人员还应该提醒领队及时通知患者亲属。患者亲属到来后，导游人员应协助其解决生活方面的问题。如患者系外籍人士，导游人员应该提醒领队及时通知患者所在国驻华使（领）馆。同时，妥善安排好旅游团其他旅游者的活动。全陪应该继续随团旅行。

3. 旅游者死亡

旅游者死亡，不管是什么原因——因病亡故，因交通事故、治安事故或在灾难中死亡，导游人员都应立即向当地旅行社报告，由当地接待社按照国家有关规定做好善后工作。同时导游人员应稳定其他旅游者情绪，并继续做好旅游团的接待工作。游客如系非正常死亡，导游人员应注意保护好现场，并及时报告当地有关部门。

（二）旅游者丢失证件、财物、行李的处理

1. 旅游者丢失旅行证件事故的处理

（1）如果旅游者是外籍人士，其所丢失的旅行证件护照则应由当地接待社开具证明，旅游者持证明到当地公安机关报失，然后持公安机关证明到所在国驻华大使馆或领事馆申请新护照，最后再持新护照到公安机关办理签证手续。

（2）如果华侨旅游者丢失中国护照，则由接待社开具遗失证明，再持遗失证明到公安局出入境管理处报失并申请办理新护照，然后至侨居国驻华使馆、领馆办理入境签证手续。

（3）香港或澳门同胞在内地旅游期间丢失港澳居民来往内地通行证（港澳同胞回乡证），则应由接待旅行社开具遗失证明并由失主持遗失证明到公安局出入境管理处申请领取赴港澳证件，经出入境管理部门核实后，给失主签发一次性"中华人民共和国出入境通行证"，失主持该出入境通行证回港澳地区后，填写"港澳居民来往内地通行证件遗失登记表"和申请表，凭本人的港澳居民身份证向通行证受理机关申请补发新的通行证。

（4）台湾同胞在祖国大陆旅行时不慎丢失台湾同胞旅行证明后，应向遗失地的中国旅行社或户口管理部门或侨办报失，经核实后发给一次性有效的出入境通行证。

（5）中国公民在国内旅游期间丢失身份证，应由遗失地开具遗失证明，失主持证明到公安机关报失，经核实后开具身份证明，机场安检人员核准放行。回到居住所在地后，凭公安局报失证明和有关材料到当地派出所办理新身份证。

2. 旅游者丢失钱物事故的处理

（1）如果旅游者丢失现金，旅游过程中的生活将会发生一定困难时，接待人员可协助其给家中打电话，请家人迅速汇寄部分现金，以保证其旅游活动继续正常进行。

（2）如果旅游者丢失信用卡，接待人员应提醒失主尽快用电话通知发行该信用卡的银行或公司。

（3）如果旅游者丢失旅行支票，接待人员应协助其及时与发售公司联系。

（4）如果入境旅游者丢失其在入境时已向海关申报过的贵重物品，接待人员应协助失主持接待旅行社出具的证明到当地公安机关开具遗失证明，以备出境时海关查验或向保险公司索赔。

3. 丢失或损坏行李

当旅游者的行李丢失或者损坏时，导游人员应该详细了解丢失或损坏的情况，积极协助查找责任者，当难以找到责任者时，导游人员应该尽量协助当事人开具有关证明，以备向投保公司索赔，并视情况向有关部门报告。

（三）旅游者走失事故的处理

在参观游览时，时常有游客走失的情况。一般来说，大致可分为以下两种情况：一是集体活动时走失；二是自由活动时走失。无论哪种情况，导游人员均应及时反映。

（1）向走失旅游者的旅行同伴或与其同房间的其他旅游者询问其走失的大概时间和地点，以便设法寻找。

（2）如果经过认真寻找仍未发现走失的旅游者，可向游览地或饭店所在地区的公安派出所、管理部门或管区公安机关请求帮助。

（3）随时与饭店保持联系，查问走失者是否自行回到饭店。

(4) 找到走失的旅游者后，如系接待人员的责任，应向其赔礼道歉；若责任在走失者，应问清情况，给予安慰，并再次讲清注意事项与旅游计划，以防走失事故的再次发生。

（四）旅游者越轨行为的处理

越轨行为一般是指游客侵犯一个主权国家的法律和世界公认的国际准则的行为。处理游客越轨言行，要注意分清几个界限：分清越轨行为和非越轨行为的界限，分清有意和无意的界限，分清无故和有因的界限，分清言论和行为的界限。

1. 对言论不当的处理

由于社会制度不同，政治观点存在差异，外国游客可能对中国的方针政策及国情有误解或不理解。此时，导游人员要积极友好地介绍我国的国情，认真地回答游客的问题，阐明我国对某些问题的立场、观点，以达到求同存异、友好相处。但是，如果个别游客站在敌对的立场上进行恶意攻击、蓄意诬蔑挑衅，导游人员要严正驳斥，必要时向有关部门报告，查明后严肃处理。

2. 对违法行为的处理

社会制度和传统习惯的差异导致各个国家的法律制度不完全一样。因为缺乏对中国法律和传统习惯的了解而做出违法事情的外国旅游者，导游员要讲清道理，指出错误之处，并根据其违法行为的性质、危害程度，确定是否报有关部门处理。如果是明知故犯，要提出警告，配合有关部门严肃处理，情节严重者应依法处理。

3. 对与中国人不正常交往行为的处理

外国旅游者和中国人不正常的交往行为是指违反我国法律有关规定的交往，如窃取国家机密和经济情报、宣传邪教、组织邪教活动、走私、贩毒、偷窃文物、倒卖金银、套购外汇、贩卖黄色书刊及录像录音带、嫖娼、卖淫等犯罪活动，一旦发现应立即汇报，并配合司法部门查明罪责，严正处理。

4. 对异性越轨行为的处理

当外国人对中国异性行为不轨时，导游员应及时阻止，并告知中国人的道德观念和异性间的行为准则，对不听劝告者应指出问题的严重性，必要时采取果断措施。

(五) 漏接、错接和误机（车、船）事故的处理

1. 漏接事故的处理

（1）如果漏接事故是由于旅行社接待人员或其他人员工作疏忽或内部沟通不及时造成的，接待人员应向旅游者诚恳地赔礼道歉，求得旅游者的谅解。

（2）如果漏接事故是由于旅游中间商、组团旅行社在旅游者所乘交通工具或出发时间变更后未及时通知接待旅行社所造成，事故的责任并非由接待旅行社承担。尽管如此，接待人员除了客观地向旅游者讲明情况外，还要向旅游者表示歉意，并要努力做好导游服务工作，挽回不利影响。

（3）如果因交通工具出现故障或天气原因，旅游者临时更换其他航班（车次、船次）提前或滞后抵达而造成旅行社漏接事故时，接待人员应实事求是地向旅游者说明原委，但是不能表明旅行社不承担任何责任，而是应该提供热情周到的服务。

（4）如果接待人员按照旅游计划上规定的时间抵达机场（车站、码头）后，发现旅游者所乘交通工具发生延误，未能接到旅游者时，应该立即和旅行社接待部内勤人员联系，查明原因，并将变更情况及时通知饭店等有关部门，以便采取适当的应变措施。

2. 错接、误机（车、船）事故的处理

（1）所谓错接，是指导游人员接了不应由他接的旅游团（者）。这是由于导游员责任心不强，在接站时未能认真核实所造成的。错接事故发生后，原来的计划被打乱了，还要做导游员的交换，产生不好的影响。所以，导游员必须向旅游者说明情况，诚恳道歉。

（2）误机（车、船）事故一旦发生，导游员和旅行社应尽快和机场（车站、码头）联系，争取让游客改乘下一班次的交通工具离境。如果旅游团不能马上离开本地，导游员应稳定旅游者情绪，安排好滞留期间的食宿和活动，并通知下一站做好必要的变动。误机（车、船）事件，既耽搁了时间，又造成经济上的损失，所以不仅应该立即采取补救措施，而且还应向旅游者赔礼道歉。事后必须查清事故原因和责任。

(六) 旅游者个别要求的处理

1. 餐饮方面的个别要求

餐饮方面的要求可以分为两种情况：一种是由于宗教信仰、生活习

惯、身体状况等原因，有些游客在团队出发前提出饮食方面的特殊要求，接待方旅行社须早作安排，不折不扣地兑现；另一种是旅游团抵达后临时提出来的用餐要求，则需视情况而定。一般情况下，地陪应立即与餐厅联系，在可能的情况下尽量满足其要求；如确实有困难，地陪则应说明情况，协助游客自行解决。

2. 住房方面的个别要求

团体游客在旅游目的地下榻哪家饭店，享受什么等级的住房标准，在旅游协议书中有明确规定。如果提供的客房低于标准，或者以同星级的饭店替代协议中标明的饭店，游客提出异议，旅行社应负责调换或提出补偿办法。如果不是由于这种原因，旅游者提出调换住房，则要视情况而定。如果是由于客房内卫生设备达不到清洁标准，导游员应该和饭店协商予以满足，无法满足的，要做耐心解释。如果是要求调换高于协议标准的住房，如有可能，应尽量予以满足，但必须向旅游者说明需自理退房损失和房费差价。

3. 娱乐方面的个别要求

娱乐活动是旅游团晚间活动的重要内容，是一种积极休息的办法。一般协议书上都有事先安排的计划内的文娱活动。由于旅游者兴趣爱好各不相同，有的旅游者要求临时调换，或自费观赏别的文艺演出。导游员应本着"合理而可能"的原则，尽量设法帮助解决，满足其要求。如果协议书上没有将文娱活动列入计划，应先征求团队意见，然后再做安排；如果已经列入计划，旅游者又要求在计划外选择其他文娱活动，导游员可以在购买门票、联系交通工具等方面提供帮助，通常不陪同前往。但如果旅游者要求去大型娱乐场所或情况复杂的场所，导游员须提醒旅游者注意安全，必要时应陪同前往，但费用由旅游者自理。如果旅游者要到不健康的娱乐场所去，导游员要断然拒绝。

4. 购物方面的个别要求

购物是旅游活动的六大要素之一，是参观游览活动的重要补充。在购物时，旅游者往往会提出各种特殊要求，导游员应设法满足其要求。如果旅游者要求单独外出购物，导游人员要予以协助，当好购物参谋，如建议其去哪家商场购物，为其安排出租车并让其携带便条（条上注明商店名称、地址和饭店名称）等。但在旅游团快离开本地时，导游人员要劝阻旅游者单独外出购物。如果旅游者在某商店看中一件商品，当时犹豫不决，回饭店后才下了决心，只要时间许可，导游员应帮助其购买，必要时陪同前往；如果旅游者购物后发现是残次品、对物品不满意或者计价有误，要求导游员帮其退换，导游员也应积极协助解决，以维护旅游地的商业信誉。若外国旅游者希望购买古玩或仿古艺术品，导游员应建议他到文物商店购买，并告之中国有关文物保护的规定。若发现个别旅游者有走私文物的可疑行为，应立即报告有关部门。

5. 探视亲友的个别要求

凡属正常的探视，导游员理应设法予以满足。比如外国旅游者要求探视在华亲友，其亲友无论是中国公民还是外国公民，都应协助联系或让其自行联系。导游员一般不参加他们之间的会见，没有担当翻译的义务。如果外国旅游者要求探望非亲非故的中国人，如会见中国同行洽谈业务、联系工作、捐款捐物或慕名拜访某位名人，导游人员要向有关领导汇报，按规定办理。若外国旅游者要求会见驻华使馆、领馆人员，导游人员不应干预，必要时应给予帮助。若外国旅游者邀请导游人员参加使馆、领馆举行的活动，导游人员应经领导批准后方可前往。

若旅游者希望其在华亲友随团活动，在征得领队和旅游团其他成员同意后可满足其要求，办理入团手续，如出示有效证件、填写表格、交纳费用。对驻华使、领馆人员的随团活动，要严格按照我国政府的有关规定；如果要求随团活动的外国旅游者在华亲友身份是记者，一般应婉言拒绝。

6. 中途退团或延长旅游假期的要求

旅游团或部分旅游者要求提前离开中国或延长旅游期限，导游员无权答复，必须立即报告接待方旅行社，由其斟酌处理。导游人员则应在领导指示下做些具体工作协助旅游者。

（七）旅游安全事故

1. 旅游交通事故

（1）旅行社接待人员要立即组织现场人员抢救伤者，特别是重伤旅游者，要对其止血、包扎，实施初步处理。

（2）设法打电话呼叫救护车或拦车将受伤人员送往最近的医院。

（3）指定专人保护现场，并尽快通知交通、公安部门，争取尽快派人来现场调查处理。

（4）在公安、交通管理部门人员未到之前，如因组织抢救工作需要移动物证时，应做出标记。

（5）公安、交通管理部门人员对事故进行调查时，接待人员与驾驶员应实事求是地介绍事故发生的情况,不得隐瞒和推卸责任。

(6) 将受伤人员送往医院后,接待人员要迅速向接待社领导和有关人员报告事故与人员受伤情况,听候指示,同时做好旅游者的安抚工作。

(7) 旅行社管理者与接待人员要前往医院看望住院治疗的旅游者,表示慰问。

(8) 对事故中死亡的旅游者,应按有关死亡事故处理程序妥善处理。

(9) 事故处理后,接待人员要写出书面报告,内容包括事故经过、原因、处理情况、旅游者的反应等。报告要翔实,实事求是。

2. 旅游治安事故

(1) 当犯罪分子向旅游者行凶、偷盗或抢劫财物时,在场的接待人员要毫不犹豫地挺身而出,保护旅游者。迅速将旅游者转移至安全地点,并积极配合当地公安人员和在场群众缉拿罪犯,追回赃物、赃款。

(2) 如果旅游者在事故中不幸受伤,应立即组织抢救,及时送往医院治疗。

(3) 如果罪犯在作案后逃脱,接待人员应立即向当地公安机关报告案件发生的时间、地点、经过;作案人的特征(性别、年龄、体型、长相、衣着等);受害旅游者的姓名、性别、年龄、国籍、伤势;损失物品的名称、件数、大小、型号以及特征等,努力协助公安人员迅速破案。

(4) 尽快向旅行社主管领导汇报事故发生的情况,包括事故发生的地点、时间;旅游者姓名、性别、年龄、受害情况、现在何处、现状如何;案件受理的部门名称、地点、电话号码及办案人员姓名等,请领导指示。

(5) 接待人员应迅速写成事故情况报告。报告的内容应包括受害者姓名、性别、年龄、受害者情况、在场其他旅游者的反应;采取了哪些应急措施;公安部门侦破情况;作案人的情况;受害者及其他旅游者目前的情况、有何要求等。

3. 饭店火灾事故

(1) 发现火情后,应立即将饭店失火的消息通知接待的全体旅游者。

(2) 听从饭店人员的统一指挥,有条不紊地引导旅游者迅速疏散。

(3) 告诫旅游者不要将很热的房门打开,应躲在房间里等待救援。

(4) 如果旅游者的房间里出现火情,而旅游者一时又无法逃离房间时,可引导旅游者自救,如将面部贴近墙壁、墙根或地面,用湿毛巾捂住口、鼻，用厚重衣物压灭火苗，泼水降温等，保住性命，等待救援。

（5）如果旅游者的房间被大火封门，无法逃脱时，可通过电话告诉他用浸湿的衣物、被褥将门缝堵塞严实，或泼水降温，等待救援。

（6）若旅游者身上着火，应提醒他就地打滚压灭火苗或用厚重的衣物覆盖其身上将火苗扑灭。

（7）当旅游者撤离房间后，应迅速带领他们通过安全出口疏散，切忌不能搭乘电梯或随意跳楼。

（8）在撤离过程中，如果必须穿过浓烟逃生时，应指导旅游者将全身浇湿或用浸湿的衣被捂住口鼻，贴近地面蹲行或爬行而过。

（9）旅游者脱离火场后，应立即组织抢救受伤者，将重伤者迅速送往医院。

（10）将受伤旅游者安顿好后，应采取各种措施稳定其他旅游者的情绪，帮助他们解决因火灾造成的生活上的困难，并继续组织好旅游活动。

（11）协助领导处理善后事宜并写出详细的书面报告。

4. 食物中毒事故

（1）立即用车将食物中毒的旅游者送医院抢救。

（2）在赴医院途中，应当让食物中毒者多喝水以加速排泄，缓解毒性。

（3）如果一时无法找到车辆，要拨打电话给急救中心前来抢救。

（4）接待人员要及时向旅行社领导报告并陪同前往医院看望旅游者。

（5）及时写出书面报告，如实记述事故发生的全部经过。

任务准备

一、团队组建

本书大部分内容采取小组学习的方式进行，请在规定时间（15分钟）内自行组建学习小组（每组人数视班级情况自定）。

学生分好组后，以小组为单位坐在一起。分区域，要求中间的场地空出来，便于组织活动。每组选出游客、导游、旅行社公关人员，定出组名，编好组歌，画出组徽，制定小组格言，并记录在表5-9中。

表 5-9　　　　　　　　　学习小组表

组名			
小组格言			
组徽		组歌	
游客		导游旅行社公关人员	
组员姓名	联系电话	组员姓名	联系电话

二、教师下发任务书

任 务 书

1. 任务目标

（1）学会共同合作、相互借鉴学习，倾听教师的评价。

（2）根据不同情景下的投诉案例，评述是否恰当运用投诉处理方式及语言技巧。

2. 任务要求

（1）在教师指导和辅助下，以小组为单位完成投诉处理及质量服务的情景模拟，学会如何设计案例情景及对话。

（2）以小组为单位，收集投诉处理及质量服务的案例。

3. 活动规则

（1）各组自行做好计划书，明确分工。

（2）活动过程必须全体组员参与。

（3）要通过各种形式（照片、视频、漫画、小品演示等）将活动过程记录下来。

（4）任务完成后，要向全班同学汇报，并展示任务的完成过程。

任务实施

一、制订实施方案

认真分析任务，并确定好任务实施方案。

_____
_____
_____
_____

二、确定人员分工

任务实施过程中要明确分工任务，组长要调动组员充分表达不同意见，形成职责清晰的任务分工表，见表5-10。

表5-10　　　　　　　　　任务分工表

组员姓名	任务分工

三、过程监督

请各组成员在任务实施过程中做好过程记录，组长负责进行监督，全组共同完成进度监督表，见表5-11。

表5-11　　　　　　　　　进度监督表

工作阶段	时间	进度描述	检查情况记录	改善措施以及建议

四、各组成员记录任务实施过程中的困难及收获

困难：_____

_____

小组成员想到的解决方法：_____

_____

本次活动的收获：_____

_____

五、展示活动记录

每个小组在任务实施过程中，可以用各种形式把本组搜集到的投诉处理及质量服务案例记录下来，分析客人服务需求心理预期，通过进行角色扮演，灵活处理投诉技巧，并以各种形式展示出来。

六、班内汇报

汇报内容包括：对本次任务完成情况的介绍、任务实施过程中遇到的困难和解决的方法、对所搜集及观察到的内容的解说等。小组互相评价，并对同学的汇报情况做好记录，见表5-12。

表5-12　　　　　　　　　班内汇报表

组别	汇报情况（包括任务完成情况介绍、过程处理及搜集效果等方面）

七、归纳总结

通过本次活动，请你归纳：为满足投诉游客的心理预期，探讨应对投诉处理的技巧。

_____

_____

_____

评价反馈

以小组为单位,结合表 5-13 中标准,围绕自己在活动前后的思想、行为等变化,进行客观评价。

表 5-13　　　　　　　　评价标准及客观评价表

投诉处理及质量服务综合体现评价标准
1. 遵守规则。 2. 能快速找到与组员的共同目标。 3. 能准确无误、无条件地接受并立即执行组内指令。 4. 能按事先确定的方案尽力完成任务。 5. 能建立良好和谐的人际关系,使工作尽快开展。 6. 能够化解任务中的障碍。 7. 能勇于承认错误,敢于承担责任。 8. 能以大局为重,调整自己的工作节奏。 9. 能在团队合作中表达自己的意见,也能虚心接受他人的建议和批评。 10. 为了实现共同目标,能牺牲自己的利益。

活动前		活动后	
思想描述		思想描述	
行为描述		行为描述	
感悟			

思考与练习

1. 以投诉处理及质量服务为主题写出典型应对投诉处理技巧的案例。
2. 请以满足游客的客人至上的心理为主题写出典型待客技巧的案例。

模块六　电子商务部经营管理

任务一　认知电子商务

学习目标

完成本节学习任务后，你应当能：
1. 了解什么是电子商务。
2. 掌握电子商务的基本组成要素。
3. 熟悉电子商务的优势及模式，了解电子商务存在的问题。

学习任务

1. 组建学习小组。
2. 搜集电子商务的相关网站及案例，并基于特定情景设计关于"优秀电子商务模式"方案，模拟展示劳动成果。

任务引入

阅读下面的案例，回答后面的问题。

【案例】

中国在线旅游预订市场中，成立于1999年的携程和艺龙一直处于"双雄争霸"的地位，两者发展之路很类似，产品也很同质化。

正在携程和艺龙各施各法打得不可开交时，一匹黑马突然杀入市场。2006年3月，港中旅麾下专业在线旅游企业——芒果网正式启动业务。成立初期，芒果网仅有8个人。

业内人士介绍，在线旅游初期的投入非常巨大，在线旅游企业要做的第一件事情就是要整合上游资源，而铺设一张全国酒店、机票的产品网络需要很大的投入和相当长的时间。

不过在这个可爱的黄色芒果 LOGO 背后，有着实力雄厚的港中旅 10 亿元资金的支持。短短一年时间，芒果网员工数量已增加到约 2000 多人，且在港澳游市场上占据一席之地。

"但是，就机票、酒店在线预订而言，芒果网在短期内要赶超携程和艺龙是有困难的。"汉理资本副总裁钱学杰接受《第一财经日报》专访时表示。

"几个月前，芒果网与我们合作。为了吸引客人，芒果网上我们酒店预订价格要比艺龙便宜几十元钱，艺龙得知后勃然大怒，马上将我们酒店从其网站上撤下。最后我们酒店高层出面，以平衡双方价格的方式才解决问题。"沪上某酒店营运部负责人张先生向《第一财经日报》透露。他因此得出结论，携程和艺龙在商旅预订方面很强势，作为后来者的芒果网在酒店、机票预订业务上目前还处于劣势。

芒果网意识到，携程和艺龙在在线预订业务上已经形成了技术、人才、竞争情报、精细管理等壁垒，后来者要争夺市场，唯有另辟路径。

"有数字显示，国际上在线旅游占整体旅游市场 25%～30%，而在中国，2006 年在线旅游仅占整体旅游市场 3% 左右，市场潜力很大，我们希望通过更多的努力，让习惯于到旅行社的消费者，尝试我们的服务，如网络预订、电话预订等。"芒果网行政总裁吴志文接受《第一财经日报》专访时表示，芒果网不是要与携程和艺龙争夺仅占 3% 的市场空间，而是瞄准 97% 的线下游客，改变这些客源消费方式，研发自助旅游产品并销售才是芒果网赢利的关键。

于是，芒果网对准休闲旅游客源下手，设计了一系列旅游产品，并大打文化营销牌。芒果网与冯小刚的热门电影《夜宴》合作，推出电影之旅，随后，芒果网又推出 2006 年新丝路北京模特大赛，推出"美之旅"。吴志文告诉《第一财经日报》，2007 年还计划推出"音乐之旅"等。

问题：

在案例中，芒果网要如何体现后发优势，在市场竞争中取得一席之地？

任务布置

1. 情景布置：一对新婚夫妇，想利用假期进行一次短途的国内旅行，因为之前没有去过，所以提前做了不少充分的准备，在网上找了不少资料，如：艺龙网、携程网等，想提前做好出行攻略。请问如果你是某网站的策划者，针对国内蜜月团制订一方案，吸引国内蜜月夫妇。

2. 每6~8人组成一组，以小组为单位，围绕以上情景，分小组，制订一方案，吸引国内新婚夫妇。

3. 各小组以各种形式（照片、视频、漫画、小品演示等）记录下来，并做一些简单的解释。

知识链接

一、电子商务的基本组成要素

电子商务的基本组成要素有网络、用户、物流配送、认证中心、网上银行、商家等。

（一）网络

网络包括 Internet、Intranet、Extranet。Internet 是电子商务的基础，是商务、业务信息传送的载体；Intranet 是企业内部商务活动的场所；Extranet 是企业与企业，以及企业与个人进行商务活动的纽带。

（二）用户

用户是指参与电子商务活动的个人或企业。个人用户一般使用互联网进行信息浏览、网上购物、网上娱乐、网上学习等活动。企业用户一般利用互联网发布企业信息、产品信息、接受订单等，同时也可以进行网上企业管理与运作。

（三）物流配送

在电子商务下，信息流、资金流的处理都可以通过计算机和网络通信设备实现。物流，作为三流中最为特殊的一种，对于少数商品和服务来说，可以直接通过网络传输的方式进行配送，如各种电子出版物、信息咨询服务、有价信息软件等。而对于大多数商品和服务来说物流是无法通过网络传输的。物流配送就是指物流企业通过一系列机械化、自动化工具的应用，准确、及时地将商品送到消费者手中。

（四）网上银行

网上银行是指利用网络手段为消费者提供金融服务的银行，服务内容包含零售业和大额集团业务。网络银行具有和传统银行对等的职能。

（五）认证中心

CA认证中心，是指给个人、企事业单位和政府机构签发数字证书——"网上身份证"，用来确认电子商务活动中各自的身份，并通过加解密方法实现网上安全的信息交换与安全交易。

二、电子商务的特点

电子商务在不断的发展中，其特点在逐渐的显现电子商务的流程如图6-1所示。

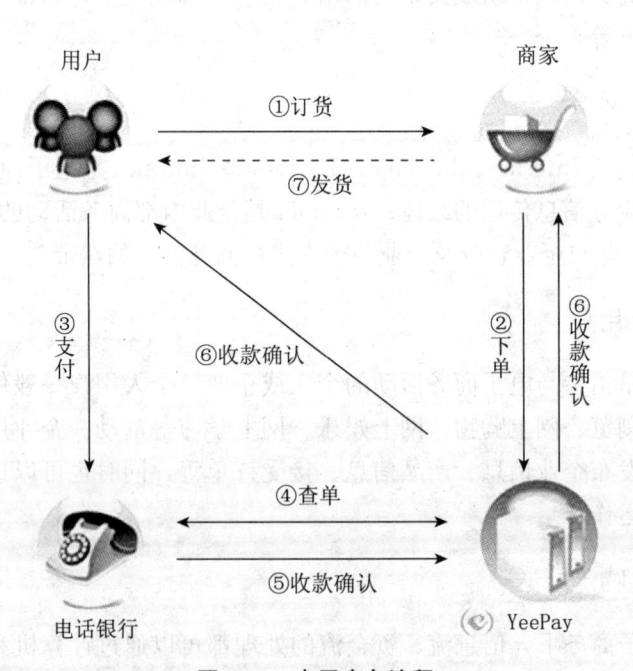

图6-1 电子商务流程

（一）电子化（无纸化）

电子商务实现了信息化和无纸化交易。它有两个方面的含义，第一，商务沟通手段电子化，即利用信息网络通信手段，实现商务活动，缔结合同；第二，所有的商业活动包括合同（交易者意思和交易内容）均可能以电子信息形式存在，借助于相应的计算机软硬件工具和网络环境方便地读取。因此，电子商务的特征是通信电子化、记录无纸化，一切交易记录均可以电子或者数字方式存储。

（二）虚拟主体

电子商务构造了虚拟商业环境。电子商务属于非面对面的交易，不仅交易的环境是虚拟的数字环境，而且交易主体均可以用户名方式进行。实务界甚至认为，电子商务构成了一个异于现实社会的虚拟商业环境，称为虚拟市场或网络市场。但是法律上不承认虚拟，所以必须找到将网上各种行为主体还原为真实世界对应主体的机制。

（三）全球化

电子商务能够跨越时间和空间的局限性，真正实现贸易的全球化。从空间概念上看，电子商务所构成的新的空间范围以前是不存在的，这个依靠互联网所形成的空间范围与领土范围不同，它没有地域界线，在这个空间范围活动的主体主要是通过互联网网络彼此发生联系。从时间概念上看，电子商务没有时间上的间断，在线商店是每天24小时开业的。虚拟市场上的这种新的竞争形式正在波及人们非常熟悉的实体市场，这个现实是任何人都不可以忽视的。

（四）交易自动化

在以网络为基础的社会中，产品信息、供求信息、订约信息等在弹指之间便可传递到世界各地。事先设置的计算机系统可以自动对信息进行处理和传输，不仅使商务活动不间断进行，而且大大降低了信息处理和传递成本。这不仅使产品行销更加方便，而且使商家与商家、商家与消费者之间的沟通和交易达成变得更为迅捷和有效。因此，电子商务是低成本和高效率的。

(五)交易环境网络化

电子商务依存于网络，互联网是一个开放、自由的信息沟通和分享的世界舞台。当商务活动移至网络进行之后，网络所特有的一些特征，在网络交易中均会体现出来。例如，网络开放性，使得任何人都可能发布商业信息，由此导致商业信息欺诈因素增加；网络技术本身存在不安全因素，而这种不安全也会导致商务环境不安全。

三、电子商务的优势

（1）电子商务将传统的商务流程电子化、数字化，一方面以电子流代替了实物流，可以大量减少人力、物力，降低了成本；另一方面突破了时间和空间的限制，使得交易活动可以在任何时间、任何地点进行，从而大大提高了效率。

（2）电子商务所具有的开放性和全球性的特点，为企业创造了更多的贸易机会。

（3）电子商务使企业可以相近的成本进入全球电子化市场，使得中小企业有可能拥有和大企业一样的信息资源，提高了中小企业的竞争能力。

（4）电子商务重新定义了传统的流通模式，减少了中间环节，使得生产者和消费者的直接交易成为可能，从而在一定程度上改变了整个社会经济运行的方式。

（5）电子商务一方面破除了时空的壁垒，另一方面又提供了丰富的信息资源，为各种社会经济要素的重新组合提供了更多的可能，这将影响到社会的经济布局和结构。

（6）通过互联网，商家之间可以直接交流、谈判、签合同；消费者也可以把自己的反馈建议反映到企业或商家的网站，而企业或者商家则要根据消费者的反馈及时调查产品种类及服务品质，做到良性互动。

四、电子商务的模式

(一) B2B（商家对商家）

B2B，即 BtoB 电子商务模式：主要是进行企业间的产品批发业务，因此也称为批发电子商务。B2B 电子商务模式是一个将买方、卖方及服务于他们的中间商（如金融机构）之间的信息交换和交易行为集成到一起的电子运作方式。电子商务其实不仅是指网络零售业，更核心的是市场潜力比零售业大一个数量级的企业级电子商务。而这种技术的使用会从根本上改变企业的计划、生产、销售和运行模式，甚至改变整个产业社会的基本生产方式。因此，这种企业之间的电子商务经营模式越来越受到重视，被许多业内人士认为是电子商务未来发展的一个重要方向。

（二）B2C（商家对消费者）

B2C，即 BtoC 电子商务模式：是电子商务按交易对象分类中的一种，即商业机构对消费者的电子商务。这种形式的电子商务一般以网络零售业为主，主要借助于 Internet 开展在线销售活动。例如，经营各种书籍、鲜花、计算机、通信用品等商品。8848 就是采用这种商业模式的一个网站。它充分地利用了连邦软件公司在原有物流上的优势、全国统一的销售连锁店和长期以来形成的品牌优势，在 Internet 上把零售做得很火。

（三）C2C（消费者对消费者）

C2C，即 CtoC 电子商务模式：是消费者与消费者之间的货物交易或各种服务活动在网络上的具体实现。其涵盖的范围主要包括艺术品交易、网上拍卖、旧货交易、网上人才市场、换房服务、邮票交易等。eBay、淘宝网、拍拍网等均属于此模式。由于不同的文化和技术的影响，C2C 模式在不同的国度受到欢迎的程度是不同的。

五、电子商务的赢利模式

（一）在线销售商品模式

在线销售商品模式在形式上可以分为 B2B、B2C、C2C 等多种。目前蓬勃发展的是第一种 B2B 模式，其表现为一条产业链中上下游企业之间供应、采购活动的网络化。这种模式多为传统生产型企业所采用，其网站的核心竞争能力表现在如何利用网络为企业更多地降低库存、采购成本和管理成本，从而获取更大的赢利空间。第二种 B2C 模式，虽然成交额比例远远不如 B2B 模式，但目前也有很好地发展。传统企业商务模式的网上迁移，去掉了"迂回经济"的非经济性，使企业进入了"直接经济"时代，生产直达消费。和传统商务模式相比，B2C 商务模式可以实现 24 小时在线服务，可以为企业降低销售成本和内部管理成本，从而为企业带来更大的赢利空间。

（二）在线销售数字内容模式

面对信息量急剧膨胀的网上数据资源，用户对特定信息的查询往往会产生两种结果：信息过载和信息迷向。信息过载是指找到的信息太多，没法有效消化和应用；信息迷向是指基于目前技术，难以有效地表达需求和准确寻找到所需资源。鉴于此，能有效解决信息分类、深入加工和提供专业检索的网站，必然存在巨大的市场。原来做信息的传统企业，在向互联网迁移的过程中，利用其自身的信息优势，依托互联网来提供更好更方便的检索手段，必然会赢得越来越多的受众。这种网站赢利模式的核心竞争能力不在于信息技术，而在于它能提供给用户高质量的信息内容。

（三）在线提供服务模式

在线能提供的服务是多样的，如网络游戏、广告收费、在线交流、在线音乐、在线电影、电子邮箱、虚拟空间等。

（四）交易费用模式

交易费用模式是指网站为交易的双方提供一个交易的平台，从中收取佣金，这类网站在网上大量存在，如很多的行业网站、招商网站、旅游代理网站等，但做得最好的往往都有自己的核心竞争能力，如先入优势、行业优势或者是其他方面的优势。

六、电子商务的发展

电子商务的发展经历了三大阶段，其发展历程如下。

（一）电子邮件阶段

这个阶段可以认为从 20 世纪 70 年代开始，平均的通信量以每年几倍的速度增长。

（二）信息发布阶段

从 1995 年起，以 Web 技术为代表的信息发布系统，爆炸式地成长起来，成为目前 Internet 的主要应用。

（三）电子商务阶段

EC 在美国也才刚刚开始。之所以把 EC 列为一个划时代的东西，笔者认为，是因为 Internet 的最终主要商业用途就是电子商务。同时，也可以很肯定地说，若干年后的商业信息，主要是通过 Internet 传递。Internet 即将成为我们这个商业信息社会的神经系统。

七、电子商务存在的问题

（1）网络自身有局限性。

（2）搜索功能不够完善。

（3）用户消费观念跟不上。

（4）交易的安全性得不到保障。

（5）电子商务的管理还不够规范。

（6）税务问题。由于电子商务的交易活动是在没有固定场所的国际信息网络环境下进行，造成国家难以控制和收取电子商务的税金。

（7）标准问题。各国的国情不同，电子商务的交易方式和手段当然也存在某些差异，而且我们要面对无国界、全球性的贸易活动，因此需要在电子商务交易活动中建立相关的、统一的国际性标准，以解决电子商务活动的互相操作问题。

（8）支付问题。由于金融手段落后、信用制度不健全，中国人更喜欢现金交易，没有使用信用卡的习惯。而在美国，现金交易较少，国民购物基本上采用信用卡支付，而且国家出于金融、税收、治安等方面的考虑，也鼓励使用信用卡以减少现金的流通。完善的金融制度，方便、可靠、安全的支付手段是 B2C 电子商务发展的基本条件。

（9）配送问题。网上消费者经常遇到交货延迟的现象，而且配送的费用很高。

（10）电子合同的法律问题。在电子商务中，传统商务交易中所采取的书面合同已经不适用了。一方面，电子合同存在容易编造、难以证明其真实性和有效性的问题；另一方面，现有的法律尚未对电子合同的数字化印章和签名的法律效力进行规范。

（11）其他细节问题。如网上商品价格参差不齐，主要成交类别商品价格最大相差 40%；网上商店服务的地域差异大；在线购物发票问题大；网上商店对订单回应速度参差不齐；电子商务方面的法律对参与交易的各方面的权利和义务还没有进行明确细致的规定。

八、电子商务发展的建议

（1）完善政策法规环境，规范电子商务发展。

（2）加快信用、认证、标准、支付和现代物流建设，形成有利于电子商务发展的支撑体系。

（3）发挥企业的主体作用，大力推进电子商务应用。

（4）提升电子商务技术和服务水平，推动相关产业发展。

（5）加强宣传教育工作，提高企业和公民的电子商务应用意识。

（6）加强交流合作，参与国际竞争。

任务准备

一、团队组建

本书大部分内容采取小组学习的方式进行，请在规定时间（15分钟）内自行组建学习小组（每组人数视班级情况自定）。

学生分好组后，以小组为单位坐在一起。各组坐成半圆，中间的场地空出来，便于组织活动。每组选出国内网站策划者、游客，并按要求记录在表6-1中。

表6-1　　　　　　　　　　学习小组表

组名			
小组格言			
组徽		组歌	
网站策划者		游客	
组员姓名	联系电话	组员姓名	联系电话

二、教师下发任务书

任 务 书

1. 任务目标

（1）学会共同合作、相互借鉴学习，倾听教师的评价。

（2）根据不同情景下客人的需求心理，评述是否恰当运用服务语言技巧。

2. 任务要求

（1）在教师指导和辅助下，以小组为单位完成情景表演，模拟特定客人的服务情景，设计情景对话。

（2）以小组为单位，收集电子商务下接待服务的案例。

3. 活动规则

（1）各组自行做好计划书，明确分工。

（2）活动过程必须全体组员参与。

（3）要通过各种形式（照片、视频、漫画、小品演示等）将活动过程记录下来。

（4）任务完成后，要向全班同学汇报，并展示任务的完成过程。

任务实施

一、制订实施方案

认真分析任务，并确定好任务实施方案。

_____
_____
_____
_____

二、确定人员分工

任务实施过程中要明确分工任务,组长要调动组员充分表达不同意见,形成职责清晰的任务分工表,见表6-2。

表6-2　　　　　　　　　　任务分工表

组员姓名	任务分工

三、过程监督

请各组成员在任务实施过程中做好过程记录,组长负责进行监督,全组共同完成进度监督表,见表6-3。

表6-3　　　　　　　　　　进度监督度

工作阶段	时间	进度描述	检查情况记录	改善措施以及建议

四、各组成员记录任务实施过程中的困难及收获

困难:_____

小组成员想到的解决方法:_____

本次活动的收获:_____

五、展示活动记录

每个小组在任务实施过程中,可以用各种形式把本组搜集到的接待服

务的案例记录下来,分别扮演可能的游客,通过进行角色扮演,练习待客技巧,并以各种形式展示出来。

六、班内汇报

汇报内容包括：对本次任务完成情况的介绍、任务实施过程中遇到的困难和解决的方法、对所搜集及观察到的内容的解说等。小组互相评价,并对同学的汇报情况做好记录,见表6-4。

表6-4　　　　　　　　　　班内汇报表

组别	汇报情况（包括任务完成情况介绍、过程处理及搜集效果等方面）

七、归纳总结

通过本次活动,请你归纳：满足游客心理预期的待客技巧。

_____
_____
_____
_____

评价反馈

以小组为单位,结合表6-5中标准,围绕自己在活动前后的思想、行为等变化,进行客观评价。

表6-5　　　　　　　　评价标准及客观评价表

规范及责任意识综合体现评价标准
1. 遵守规则。
2. 能快速找到与组员的共同目标。
3. 能准确无误、无条件地接受并立即执行组内指令。

续　表

4. 能按事先确定的方案尽力完成任务。
5. 能建立良好和谐的人际关系，使工作尽快开展。
6. 能够化解任务中的障碍。
7. 能勇于承认错误，敢于承担责任。
8. 能以大局为重，调整自己的工作节奏。
9. 能在团队合作中表达自己的意见，也能虚心接受他人的建议和批评。
10. 为了实现共同目标，能牺牲自己的利益。

活动前		活动后	
思想描述		思想描述	
行为描述		行为描述	
感悟			

思考与练习

1. 了解什么是电子商务。
2. 简述电子商务的基本组成要素。
3. 分析电子商务的优势及模式，论述电子商务存在的问题有哪些。

任务二　涉外旅行社电子商务

学习目标

完成本节学习任务后，你应当能：

1. 了解前台系统、后台系统。
2. 掌握电子信息系统的内容。
3. 熟悉整合业务结构的方法，了解有关涉外旅游趋势与良好市场前景的旅游业务。

模块六 电子商务部经营管理

学习任务

1. 组建学习小组。
2. 搜集涉外旅行社电子商务的相关案例，并基于特定情景设计关于"优秀涉外旅行社电子商务营销"方案，模拟展示劳动成果。

任务引入

阅读下面的案例，回答后面的问题。

【案例】

2006年，是旅游服务行业，尤其是在线旅游服务行业风起云涌的一年。在这个新兴行业，游易、遨游、乐天、安旅等国内几千家类似的中小网站参与竞争。在这重重包围中，国内在线旅行服务行业的老大——携程旅行网依然牢牢占据国内在线旅游一半以上的市场份额，且不断利用自身优势，扩大市场份额。是什么因素使携程能够执国内在线旅游市场之牛耳？

携程坚持"用制造业的标准来做服务行业"，携程旅行网作为一家服务2.0企业的典型代表，不但能够提供优质的服务，还能将它标准化，并大规模地复制，无论是预订酒店，还是预订机票，或是预订度假产品等其他服务，都让消费者受益。这也让其实现了企业快速扩张，在消费者中间已经形成了不俗的口碑。

1. 一站式信息平台

作为国内最大的酒店分销商，携程目前可供预订的国内外星级酒店多达50万余家，遍布全球190个国家和地区。携程提供国内所有航班、国际绝大部分线路的机票信息查询、预订服务，并在北京、上海、广州、深圳等47个商旅城市提供出票、送票上门服务。携程拥有1000多条度假线路，覆盖了无数个度假目的地。

携程中英文网站是"旅行大百科全书"，为客人提供大量的旅游资讯查询，包括交通、餐饮、住宿、娱乐、天气预报及旅游攻略等全方位的旅游信息，为客户构建了一个集经验交流、旅伴征集、游记发表、俱乐部活动为一体的信息平台。"去哪里旅行，上网找携程"，已经成为很多人的习惯。

服务讲求细节的用功，携程为此开发出了更多独特服务。考虑到自由行客人的需求，携程在东南亚部分地区设立了24小时中文热线；酒店预订业务量最大，客人可以在酒店预订页面对于自己所住的酒店进行评价，从

165

而实现信息互动。

2. 依托技术提升品质

事实上，相比传统旅游企业，携程旅行网作为一个典型的服务2.0企业，信息技术的影子无处不在。

国内一些小型、传统的订房订票企业，往往没有自己的网站。携程旅行网则不一样，携程合作的所有酒店全部在网站上一览无余，客人可在网上查看酒店的文字介绍、图片、用户评价以及价格，并且进行详细的比较。2007年年初，携程还借助先进的信息技术，推出了酒店实景视频，客人们更可以在网上"亲临"酒店房间、大堂体验，之后在网上自己轻松预订。

携程每一成功之处，都离不开信息技术。携程有亚洲旅游行业最大的呼叫中心，素来以服务质量好而闻名。表面上看，这是服务人员的辛勤努力，背后其实离不开技术人员的大力支持。

问题：

在案例中，携程的成功主要体现在哪些方面？

任务布置

1. 情景布置：现有不同需求的客人，想利用假期进行一次国外旅行，因为之前没去过，只是在网上找了相关的资料和旅行社进行对比。如果你是某涉外旅行社的策划者，针对不同类型的客人制订一方案，吸引相应的客户群。

2. 每6～8人组成一组，以小组为单位，自拟一类型客人的情景，分小组，制订一方案，吸引其进行涉外旅行。

3. 各小组以各种形式（照片、视频、漫画、小品演示等）记录下来，并做一些简单的解释。

知识链接

一、建立涉外旅行社前台系统、后台系统以及信息系统为核心的经营模式

涉外旅行社可能的顾客有三类：个性化大客户团、常规团（散客组团

与观光旅游)、散客(商务出行与休闲旅游)。从客户结构上必须同时拥有这三类顾客,放弃任何一类顾客,就无法维持大型旅行社的市场地位。另外,必须寻求三类顾客的内在统一性,防止整个组织运行体系的"离散"或"利益小主体"的进一步发展,防止因分散而失控。因此,必须实现"前、后台"分离,提高内在的统一性。

首先必须明确界定"前、后台"的责任边界,激励与约束所有业务部门和相关专业职能部门相互协同,努力积聚或发展顾客,同时大规模控制成本开支,共同经营,寻求资源的合理配置与有效利用,创造新的商业价值。

前台的责任就是聚集顾客,提高营销网络的销售效率。前台必须提高营销网络的适应能力,在充分利用旅游产业营销资源的基础上,提高销售效率。要按照聚集顾客及其相关产品与业务发展的要求,不断优化营销网络,不断提升营销网络的管理能力。

后台的责任就是,控制成本费用,尤其要精干队伍,堵塞漏洞,提高大规模客源安排的运行效率。后台必须把聚集顾客的数量与质量作为产品开发、业务开拓与服务规范的方向,以获取商业价值。另外,还要不断按操作标准化、流程规范化、业务模块化及系统IT化的方向,努力提高系统的信息处理能力,努力提高对个性化客流进行系统安排的能力,有效处理需求个性化与经营规模化的矛盾。前、后台系统运营模式如图6-2所示。

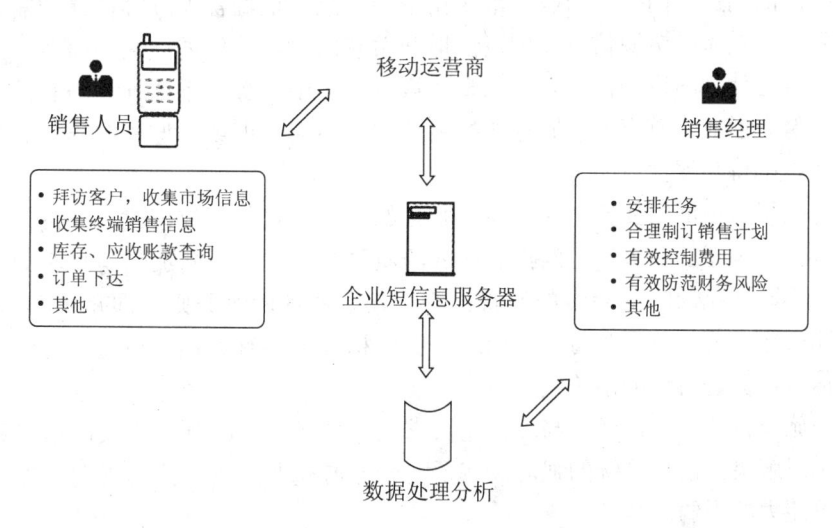

图6-2 前、后台系统运营模式图

二、涉外旅行社电子商务系统经营模式模块

所谓经营模式，就是以一组经营活动系统表达企业的效率与使命。构成旅行社经营模式至少有三个模块，即前台系统、后台系统及信息系统。

前台系统，包括实体网络与虚拟网络，实体网络又分为内部网络与外部网络，所有这些网络之间必须形成内在的联系。

具体而言，在后台各业务部门的支持下，把连锁型销售网络作为一个平台或据点，以直销的方式走向各社区或居民小区，走向各商住大楼，形成以有限的点、辐射无限的面。进而把虚拟网络的信息终端置于小区和大楼，并教会各机构行政秘书或小区物业管理员懂得上网采购旅游产品。

后台系统，包括接待服务、产品制造与业务经营。接待服务主要是管理地接网络系统，包括按照顾客的需求，进行线路考察、包价谈判、产品组合与产品推广；业务经营是指入境旅游、出境旅游、国内旅游、教育旅游、会奖旅游、交通与酒店等各种业务的经营，包括产品的批发、分销与零售。

具体而言，后台各业务经营部门要积极支持前台进行有效产品推销，努力按市场顾客的需求，提供及时、准确与完整的报价，并高效率地安排好客流；逐渐按建立健全信息系统的要求，做到操作标准化、流程规范化、业务模块化，为信息系统IT化创造条件。总之，后台要积极支持前台有效集聚顾客，努力提供市场所需要的产品。

产品制造部门要努力收集市场竞争的信息，挖掘各类顾客群体的需求信息，以及旅游资源信息，创造性地开发有高附加价值的产品与服务。进而实现有计划的市场推广，做到整体策划、集中资源、系统推广与有效运行。努力形成旅游产品与服务的特色，在高端细节市场上形成差异化竞争优势，维持与深化与顾客群的联系。

接待服务部门要努力探索地接服务的经营模式与管控模式，并按使各类顾客群满意的要求，不断提高服务的质量与水平，不断加强与顾客的联系；不断强化领队与导游的监督检查工作，做到四每原则，即每团必访、每团必报、每月兑现和每人建档。为后台积极提供有关顾客满意与否的具体信息，促进后台的系统发展。

旅游行业大规模经营与多样化需求之间的矛盾，必须由强大的信息系统予以解决。信息系统的强弱决定了一个旅游企业经营模式的强弱及核心竞争能力的强弱。

涉外旅游信息系统的建立本质上是一个管理问题，如果我们不打破旅

游业普遍存在的一单到底、个体经营的格局，就无法大规模地集聚与整合顾客资源，就无法顺利地整合内部业务流程，就无法有效率地系统安排客流，就无法强有力地推进信息化的进程等。

旅游信息系统的建立涉及大规模的人力与财力资源的投入，是一项庞大的系统工程。大规模的投入必须要有大规模的回报。如果没有高端顾客流，或者稳定的高附加价值顾客流进入，就难以下决心进行大规模地投入，建立健全信息系统。换言之，没有顾客就没有信息，就没有投资的回报，就没有投入的资源。

涉外旅游信息系统作为旅游企业运行体系中不可分割的一个组成部分，既不能简单移植，又不能自然生成，必须伴随着高端顾客流或大规模顾客流的导入，逐渐地一步一步地建立与提升，并且每一步都必须见利见效。

涉外旅游信息系统建立的关键，在于能否打破各业务部门的割据与利益小主体的格局，在整合进而统一安排顾客的基础上，大力推进业务及地接服务管理上的操作标准化、流程规范化、业务模块化与信息系统化，即以客流带动信息系统的发育。这意味着信息系统的建立，必须以大规模的组织变革为前提。

通过在某项业务上起步，打通从市场到地接的内部业务流程，打通从区域营销网络到地接服务网络的区域旅游主业价值链，获取面向流程的线效率。考虑到操作标准化、流程规范化、业务模块化与信息系统化过程需要全力投入，只有有足够大的吸引力（诱因），才能动员更多的组织成员来关心信息系统的建设。

三、实现培育规模性客户集聚力的市场创新策略

发展顾客规模，是涉外旅行社竞争战略的出发点，也是基本的价值立场。尽管旅游行业未来的竞争将日益激烈，但是有一点是可以肯定的，竞争将始终围绕着争夺顾客展开。国内外相关者想参与旅游业的竞争，必须拥有经营旅游业务的资格或能力。这种资格或能力，是由其整体运行效率决定的，也是由其拥有的顾客数量与质量决定的，更是由其业务水平与服务的能力决定的。任何不能有效地集聚顾客的竞争者，都难以持久参与旅游业的竞争。

反言之，只要谁能集聚足够多、足够好的旅游顾客，谁就能成为强有力的竞争者，谁就能借助资本与经营创新的力量，参与旅游业的竞争，蚕食现有的市场份额与顾客群。随着 WTO 来临，中国旅游市场的大门已经打开，那些外国旅行社凭借业务创新能力与集聚顾客优势，与中国旅游企业或地接服务机构结盟，威胁着国内旅行社现有的经营业务与集聚顾客的低位。我们

必须努力提高集聚顾客的相关能力,必须把现有的资源与经营业务统一于旅游顾客,通过深化与顾客的联系,进一步深化运行系统的结构,提升现有资源的经营能力。防止经营力量的分散,避免顾客资源的枯竭。

大规模客流的集聚能力,源于大规模市场创新的能力,以及处理需求多样化与产品标准化矛盾的能力,即业务流程规范化的能力。对大规模客流的集聚能力,以及对个性化商旅客流进行系统安排的能力,是信息化运行网络产生与发展的基础。

加强市场创新,必须运用现有的资源进行渠道或市场拓展。比如,不断提升并强化运营管理的规范,在后台各业务部门的支持下,向商务大楼或住宅小区渗透。同时,运用旅行社网站深化与机构群以及居民顾客群的联系,不断壮大营销网络。另外,必须找到高端有高附加价值的顾客群,以更高的预期利润带动后台的发育,带动地接网络的发育,在局部范围内打通价值链,配合相应的组织方式与激励机制,促进局部价值链的打通。所谓"以战略突破口带动增量的发展",进而"以增量带存量",以小见大、滚动发展,最终使战略落实。

四、整合业务结构,实现前台与后台业务协同

通过整合业务结构,把有前景的业务及有优势的要素联系起来,加以系统的考虑,努力规避组织结构上的障碍,按"现实见利见效,未来打通价值链"的要求确立走向未来的战略发展路径。从现行最有可能的业务中去寻找"发展战略的突破口",承前所述,这些业务就是常规团旅游、单团旅游、商务出行、会奖旅游,等等。此外,分析一下交通包机业务与酒店预订业务是否有可能成为突破口。

通过销售平台、营销网络的建设,以前台的系统规范促进后台的系统发育,促进内部形成面向客户的流程并靠制度去保证,形成快速响应市场需求的产品研发和生产系统。

地接网络的建设包括的要点有:市场信息的采集、分析,使用的流程和机制,职业化的队伍,适合目标市场需求的产品研发和生产能力以及高效、规范的报价系统和订单处理系统。而且,如果没有创造真正的顾客价值,仅仅依靠常规观光旅游产品,微薄毛利将使营销网络难以维继。虽然可以发展同业代理,控制、收购地接社,但是,产品无竞争优势,也不能维系多久。因而在销售网络展开的同时,通过销售网络的探索,及时反馈对旅游产品的明确需求,后台根据前端真实的需求预期,要加大对产品创新的投入,加大对酒店和以机票为代表的交通等重要资源的投入,在高利

润产品区进行存量资源的整合与增量资金的投入,努力在高位形成产品上的优势,提供能够满足需求的旅游产品并推进销售网络的建设。

前、后台持续推出明日诉求,这必将促进内部处理信息、安排客流能力的发展。面对大规模的资源信息、客户信息和客流安排的复杂关系,单纯依靠人工是不可想象的,因而必然选择运用IT技术来提高能力。

要对业务过程进行控制,就要使资源规范地累积,并逐步数据化。在使系统的业务规范化的过程中,操作标准化和业务模块化也将得到发展。

从管理规范化入手,发展营销网络,打通前、后台,打通旅游主业价值链,培育基于价值链的"经营模式",成功地走向未来。具体而言,建立并逐步完善日常管理制度,进行业务过程控制,并通过学习型组织的建设提升个人和团队能力,建立职业化的销售队伍;通过导入区域性滚动战略和深度分销模式形成销售渠道和网络,不断培育和提升积聚客户、满足需求、深化客户关系的功能,使连锁店为所在区域内最具影响力的旅游产品分销商。并探索出连锁经营网络中的有效协同机制,从而形成以连锁经营网络为特征的旅行社经营模式。

五、销售网络的效率形成和提高的四阶段

(一)建立企业公信力,改进流程和制度

将前、后台(包括职能部门)统一于创造客户价值,从客户需求的角度出发,通过不断提出具体诉求和诉求的不断满足牵引前、后台整个业务流程的发展和完善,并逐步建立和完善相关制度。

(二)导入规范化管理,进入有组织状态

连锁经营的全部秘诀就在于个体有效基础上整体运营的规范化、标准化,不能规范就不能复制。

(三)导入学习型组织模式,不断提升系统效率

不断提升经验和能力,建立并不断提高"组织智慧",自主地去适应环境,应对竞争,保证系统能力的不断提升,打造核心竞争力。

(四)导入区域深度分销模式,有效提升业绩

充分利用连锁店的先行优势,做透现有客户。每个连锁店都应尽快地向小区、商住楼、街区及一切可能成为旅游产品代理的相关机构渗透,抢

建区域分销渠道和网络,并依靠开放式的产品采购和组合形成满足客户差异化需求的能力,以此集聚顾客;在此基础上,通过不断深化客户关系把区域做透,形成稳固的客源,使之成为所在区域内最具影响力的旅游产品分销商。

在国际化环境下,涉外旅行社将分化为三类:第一类是国际性的旅游批发商,包括一些较大的区域性龙头;第二类是专业化的、有特色的接待社;第三类是大量的以经销和代销为主的代理社。当然也不排除有部分经销代理社,通过买断代理权的形式成为二级代理商。

六、成为真正有竞争力的国际性旅游批发商的竞争策略

第一,扩大市场份额,建立规模优势,为今后参与国际竞争与合作打下基础。

第二,大幅度增加对新产品开发的投入,设计新的旅游模式和旅游产品,以跳出单纯价格战的恶性循环,推出包括商务旅游、休闲旅游、散客自助旅游等一系列新业务。

第三,建立先进的企业制度,用灵活的机制吸引人才。

如果能够及时培育出下家营销网络体系与地接服务网络,能与JTB这类国际性大公司进行"对等合作",就能成为真正意义上具有国际竞争力的"国际性旅游批发商"。如果不能及时培育网络,情况就不那么乐观,或者成为国际公司在中国的"独家代理商",或者成为国际公司进入中国旅游市场的"专业化地接社"。

七、大力发展具有良好市场前景的旅游业务

(一) 观光与休闲类旅游业务

观光与休闲类旅游是旅游业的基础,随着人们生活水平的提高,旅游作为一种"长见识"与"回归自然"的大众活动,将会有更多的人参与进来,考虑到有80%的中国人未曾远足,大众旅游的时代必将到来。中国旅游产业为旅游高峰的来临做好了资源上的准备:诸如交通方便、食宿便宜、行程安全等。

(二) 商务旅游业务

商务旅行包括会奖、差旅管理与商务散客,是刚刚兴起的高附加价值市场。政府、企业和各种社会团体机构间的交往越来越多,全球性贸易逐

渐加强，公务出行越来越多，各机构对出行成本也越来越敏感，开始重视差旅的管理。从国际趋势看，企业差旅费用越来越高，构成其运营成本的比重越来越大。国外大部分的企业、机构都将其出行、差旅管理外包给旅行社，这是国外旅行社成长的基本条件和基本原因。中国的商务旅行市场正在形成而且未来潜力巨大，市场的吸引力极大。

（三）专题旅游业务

专题旅游是一个非常有前途的业务，人们越来越喜欢专题性、个性化、差异化的旅游活动，包括修学旅游、教育旅游、康复旅游、治疗旅游、邮轮度假或休闲旅游、探险旅游、考古旅游、毕业旅游、蜜月旅游，以及定制化高端顾问式旅游等，需求潜力巨大。

八、涉外旅游发展新趋势

（一）危机管理成为重中之重

涉外旅游业是充满危机的行业，旅游业的发展就是要与危机共舞。无论是政府还是企业，都深刻认识到危机的存在和危机的影响，开始树立起危机意识，并着手建立健全危机管理机制。

（二）要大力倡导"洁净旅游"

"洁净旅游"要求所有的旅游目的地尽最大的努力控制污染，减少破坏，提供清洁、卫生、安全的旅游环境；所有的旅游经营者都应当提供不危害旅游者健康的产品，进行公平、正当的经营，不欺诈、不设陷阱，自觉地以诚信为本，行业协会要真正能够发挥行业自律的功能，大力提倡"绿色经营"的观念；所有的旅游者在旅游过程中要对自己的行为负责，就国内旅游而言，则是为了自己和东道主的共同利益而进行健康有益的旅游度假，提倡"绿色消费"、"公平旅游"。提倡"洁净旅游"绝非仅仅是为了在市场上重塑旅游业的良好形象、振兴旅游业。而是为了实现国际旅游业的可持续发展，进而促进社会文明和整个社会经济的可持续发展。

（三）转变出境旅游观念

中国人口多，涉外旅游市场潜在顾客群强劲。2015年，中国公民的出境旅游将再次呈现快速发展的新形势，而未来的发展不仅仅是出境旅游者数量的扩大，而是旅游经历质量上的提升。针对这种新变化，政府

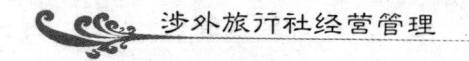

和社会将对出境旅游的观念进行必要的调整。

任务准备

一、团队组建

本书大部分内容采取小组学习的方式进行，请在规定时间（15分钟）内自行组建学习小组（每组人数视班级情况自定）。

学生分好组后，以小组为单位坐在一起。分区域坐好，中间的场地空出来，便于组织活动。每组选出策划者、游客，定出组名，编好组歌，画出组徽，制定小组格言，并记录在表6-6中。

表6-6　　　　　　　　学习小组表

组名			
小组格言			
组徽		组歌	
策划者		游客	
组员姓名	联系电话	组员姓名	联系电话

二、教师下发任务书

任 务 书

1. 任务目标

（1）学会共同合作、相互借鉴学习，倾听教师的评价。

（2）根据不同情景下客人的需求心理，评述是否恰当运用服务语言技巧。

2. 任务要求

（1）在教师指导和辅助下，以小组为单位完成涉外旅行社电子商务服务的情景模拟，学会如何为特定情景下涉外游客提供服务、如何设计情景对话及服务。

（2）以小组为单位，收集涉外游客服务及旅行社的案例。

3. 活动规则

（1）各组自行做好计划书，明确分工。

（2）活动过程必须全体组员参与。

（3）要通过各种形式（照片、视频、漫画、小品演示等）将活动过程记录下来。

（4）任务完成后，要向全班同学汇报，并展示任务的完成过程。

任务实施

一、制订实施方案

认真分析任务，并确定好任务实施方案。

_____

_____

_____

_____

二、确定人员分工

任务实施过程中要明确分工任务，形成职责清晰的任务分工表，见表6-7。

表 6-7　　　　　　　　　任务分工表

组员姓名	任务分工

三、过程监督

请各组成员在任务实施过程中做好过程记录，全组共同完成进度监督表，见表 6-8。

表 6-8　　　　　　　　　进度监督表

工作阶段	时间	进度描述	检查情况记录	改善措施以及建议

四、各组成员记录任务实施过程中的困难及收获

困难：_____

_____

小组成员想到的解决方法：_____

_____

本次活动的收获：_____

_____

五、展示活动记录

每个小组在任务实施过程中，可以用各种形式把本组搜集到的涉外旅行社电子商务服务的案例记录下来，分别扮演可能的游客，通过进行角色扮演，练习服务技巧，并以各种形式展示出来。

六、班内汇报

汇报内容包括：对本次任务完成情况的介绍、任务实施过程中遇到的

困难和解决的方法、对所搜集及观察到的内容的解说等。小组互相评价，并对同学的汇报情况做好记录，见表6-9。

表6-9　　　　　　　　　　班内汇报表

组别	汇报情况（包括任务完成情况介绍、过程处理及搜集效果等方面）

七、归纳总结

通过本次活动，请你归纳：为满足涉外游客服务的需要，探讨待客及涉外旅行社电子商务营销技巧。

_____
_____
_____
_____
_____

评价反馈

以小组为单位，结合表6-10中标准，围绕自己在活动前后的思想、行为等变化，进行客观评价。

表6-10　　　　　　　　　评价标准及客观评价表

规范及责任意识综合体现评价标准
1. 遵守规则。 2. 能快速找到与组员的共同目标。 3. 能准确无误、无条件地接受并立即执行组内指令。 4. 能按事先确定的方案尽力完成任务。 5. 能建立良好和谐的人际关系，使工作尽快开展。

续 表

6. 能够化解任务中的障碍。
7. 能勇于承认错误，敢于承担责任。
8. 能以大局为重，调整自己的工作节奏。
9. 能在团队合作中表达自己的意见，也能虚心接受他人的建议和批评。
10. 为了实现共同目标，能牺牲自己的利益。

活动前		活动后	
思想描述		思想描述	
行为描述		行为描述	
感悟			

思考与练习

1. 名词解释：经营模式，前台系统，后台系统。
2. 简述涉外旅行社的未来发展趋势。
3. 为什么说没有顾客就没有信息，就没有投资的回报，就没有投入的资源？

参考文献

[1] 李天元. 旅游学概论 [M]. 天津：南开大学出版社，2000.

[2] 何键民. 旅游现代化开发、经营与管理 [M]. 上海：学林出版社，1989.

[3] 杜江，向萍. 旅行社经营管理 [M]. 北京：旅游教育出版社，1989.

[4] 杜江. 旅行社经营管理 [M]. 北京：旅游教育出版社，1990.

[5] 傅东升. 旅行社业务实用指南 [M]. 北京：中国旅游出版社，1991.

[6] 杜江. 旅行社经营管理 [M]. 北京：旅游教育出版社，1999.

[7] 于学谦. 现代旅游市场经营学 [M]. 北京：旅游教育出版社，1989.

[8] 国家旅游局人教. 旅行社销售部的业务与管理 [M]. 北京：中国旅游出版社，1992.

[9] 国家旅游局人教. 旅行社接待部的业务与管理 [M]. 北京：中国旅游出版社，1992.

[10] 林南枝，等. 旅游经济学 [M]. 上海：上海人民出版社，1986.

[11] 林南枝，等. 旅游市场学 [M]. 天津：南开大学出版社，1994.

[12] 和中孚. 广告学原理 [M]. 北京：中国经济出版社，1991.

[13] 易昌泰. 实用广告指南 [M]. 长沙：湖南人民出版社，1986.

[14] 佚名. 旅行社的售后服务 [J]. 谢业慧，译. 旅游论从，1986 (4).

[15] 孟一波. 信息技术在国外旅行社中的应用 [J]. 旅游经济，1986 (3).

[16] 赖斌. 论旅行社专线产品设计中的文化要素思维 [J]. 商讯商业经济文萃，2006 (4).

[17] 侯志强. 基于旅游地可持续发展的旅行社运营策略研究 [J]. 生态经济，2006 (10).

[18] 黄秀娟. 区域国际旅行社业竞争力评价方法与实证分析 [J]. 旅游学刊, 2006 (11).

[19] 赖斌. 基于聚类分析的旅行社专线产品市场竞争态势研究 [J]. 旅游学刊, 2006 (8).

[20] 徐晓娜. 旅行社品牌定位循环优化模型的构建及分析 [N]. 北京第二外国语学院学报, 2006 (3).

[21] 吴江洲. 我国旅行社产业组织合理化的目标与政策选择 [J]. 特区经济, 2006 (4).

[22] 宁泽群. 我国旅行社市场的进入悖论与旅行社企业的"套中套黑箱定价"模型 [J]. 旅游学刊, 2006 (5).

[23] 魏婧. 旅行社顾客满意度评价方法研究 [J]. 华东经济管理, 2006 (5).

[24] 詹志芳. 旅行社服务公平感的结构维度及其对关系质量的影响 [J]. 旅游学刊, 2006 (3).

[25] 易伟新. 新中国成立后中国旅行社运行陈迹考 [J]. 求索, 2005 (11).

[26] 宋子千. 旅行社产品同质化及其成因分析 [J]. 旅游学刊, 2005 (6).

[27] 张凌云. 旅行社产权改革、规模化经营和市场制度 [J]. 旅游学刊, 2005 (6).

[28] 樊志勇. 论旅行社业现有分工体系的重新构建 [N]. 武汉大学学报, 2005 (5).

[29] 张广瑞. 中国旅行社业路在何方 [J]. 旅游学刊, 2005 (5).